LOS HOMBRES BUENOS TAMBIÉN SE ENOJAN

BILL PERKINS

PORTAVOZ

La misión de Editorial Portavoz consiste en proporcionar productos de calidad —con integridad y excelencia—, desde una perspectiva bíblica y confiable, que animen a las personas a conocer y servir a Jesucristo.

Título del original: *When Good Men Get Angry* © 2009 por Bill Perkins y publicado por Tyndale House Publishers, Inc., 820 N. LaSalle Boulevard, Carol Stream, IL 60188. Traducido con permiso.

Traducción: Rosa Pugliese

EDITORIAL PORTAVOZ
P.O. Box 2607
Grand Rapids, Michigan 49501 USA
Visítenos en: www.portavoz.com

ISBN 978-0-8254-1833-4 (rústica)
ISBN 978-0-8254-0378-1 (Kindle)
ISBN 978-0-8254-8486-5 (epub)

1 2 3 4 5 / 16 15 14 13 12

Impreso en los Estados Unidos de América
Printed in the United States of America

"Bill Perkins transmite sabiduría divina con humor, sinceridad y franqueza. Más importante aún, nos muestra que mediante la comprensión de nuestra nueva identidad en Cristo, podemos ser hombres poderosos, cuyo enojo sea usado como una fuerza para hacer el bien y no para destruir. ¡Algo realmente impactante!".

—DR. DAVID HAWKINS
Director de *The Marriage Recovery Center*
Autor de *¡Acabe con las adicciones cotidianas!* y *9 errores graves que cometen las parejas*

"Por mucho tiempo, he creído que el entendimiento sólido de los problemas psicológicos surge de una teología correcta. En este libro, Bill Perkins ofrece perspectivas bíblicas para asuntos como el control, el orgullo, el perdón y el respeto. Nos muestra cómo el dominio de tales asuntos afecta directamente nuestra manera de enojarnos. Me gusta eso. Y me gusta mucho. Si usted sigue los principios señalados en este libro y medita seriamente en las preguntas que se plantean, estará diez pasos por delante de los demás".

—DR. LES CARTER
Autor de *The Anger Trap* [La trampa del enojo]

"Bill Perkins es un experto narrador de cuentos. Este es uno de los libros más entretenidos para hombres que he leído. Lo recomiendo a cualquier hombre que tenga problemas con el enojo".

—DAVID MURROW
Autor de *Why Men Hate Going to Church* [Por qué los hombres detestan ir a la iglesia]

"Bill lo ha logrado de nuevo. Con una perspectiva psicológica, sabiduría bíblica y sentido común práctico, ha escrito un manual basado en siete historias apasionantes, que nos ayudan a ver más allá de la actitud defensiva que adoptamos frente al enojo y a convertirnos en el tipo de hombre que Dios quiere que seamos. De principio a fin, *Los hombres buenos también se enojan* lo retará con verdades que cambiarán su vida para que sea un mejor esposo, mejor padre y mejor amigo".

—**DR. STEVE STEPHENS**
Autor de *20 Rules and Tools for a Great Marriage* [20 leyes y herramientas para un gran matrimonio]

Para Cindy

|||

EL VIENTO Y EL SAUCE

Yo sé que suena triste,
pero aun así es verdad.
Hoy hablé con un sauce.

—¿Por qué estás tan triste, señorita Sauce?
—le pregunté.

—Extraño a mi amor —me dijo.

—Tu amor —le dije—.
¿Y cómo es él?

—Él es fuerte y libre, gentil y veloz.
Y a veces también es terrible.

"Por si no lo sabes, mi amor es el viento.
Porque mece mis brazos, y yo bailo,
cosquillea mis hojas y me hace reír,
y cuando golpea mis dedos, yo canto.
Él es el único que trae alegría a mi alma".

—Ahora comprendo mi propio amor —dije yo—.
Y también sé algo del tuyo.

—¿Sabes algo del viento? —preguntó sorprendida.

—En realidad, ahora me doy cuenta.
Él sopla para que tú bailes.
Él respira para que tú rías.
Él resopla y resopla para que tú cantes.
Sin ti, señorita Sauce,
el viento no tiene canción, ni baile
ni risa del corazón.
Verás, señorita Sauce,
tú eres para el viento
lo que él es para ti.[1]

[1]Tomado de *Undiscovered love Poems* [Poemas de amor desconocidos]

CONTENIDO

Introducción *9*

Primera parte Qué es el enojo

CAPÍTULO 1 El centro del enojo *18*

CAPÍTULO 2 Una experiencia extraña *28*

Segunda parte Historias de enojo

CAPÍTULO 3 El hombre con un agujero en su rostro: *La identidad* *43*

CAPÍTULO 4 El hombre que rehusó tener sexo con su esposa: *El respeto* *62*

CAPÍTULO 5 El hombre que le gritaba a su hija: *El control* *80*

CAPÍTULO 6 El hombre que quería ser como Dios: *El orgullo* *99*

CAPÍTULO 7 El hombre que enterró viva a su esposa: *El perdón* *121*

CAPÍTULO 8 El hombre acusado de robarle a su papá: *La bendición* *142*

CAPÍTULO 9 La mujer con una canica blanca en su mano: *La respuesta* *161*

El nuevo hombre en usted: Cada hombre tiene una historia *181*

Apuntes sobre su historia *187*

Su historia *190*

Mi historia de fe *192*

Reconocimientos: Un aplauso, por favor *199*

Notas *201*

INTRODUCCIÓN

El que tarda en airarse es grande de entendimiento.
PROVERBIOS 14:29

MI CELULAR vibraba. Lo abrí, lo puse en mi oído y dije: "Hola".

—Bill, soy Kevin. No creerás lo que hice. ¡Necesito verte… ahora!

—¿Qué es tan urgente?

—Llego en cinco minutos —dijo. El teléfono se cortó.

He conocido a muy pocos hombres con historias tan fascinantes como la de Kevin. Él creció en Seattle y se fue de su casa cuando tenía quince años. Mientras cenaba en un restaurante modesto del Lago Unión, en el área de construcciones navales de Seattle, conoció al capitán de un barco pesquero de Alaska. Cuando el capitán se dio cuenta de que Kevin no tenía intenciones de regresar a su casa, lo invitó a unirse a su tripulación. Sin dudarlo un momento, Kevin se mudó al pueblo de Oak Harbor en la isla Kodiak, a 400 km al suroeste de Anchorage. Durante los dos veranos siguientes, trabajó en los barcos pesqueros y el resto del tiempo asistió a la escuela. Después de graduarse de la escuela secundaria, ingresó a la marina.

Aunque se parecía a Robert De Niro, no tenía que actuar para parecer un matón. Kevin tenía el tamaño, la rapidez y la maldad para dañar gravemente a cualquier inconsciente que quisiera enfrentarse a él. Y ya fuera que iniciara o atrajera los problemas, Kevin se vio implicado en muchas peleas.

Y después su vida cambió. Al final de su servicio militar, un amigo le habló de Cristo, y él se convirtió en un seguidor devoto. Cuando le dieron el alta de la marina, comenzó su propio negocio en Portland, Oregón.

Mientras meditaba en la vida de Kevin, pensé que me iba a contar otra de sus historias descabelladas. Sonó el timbre de la puerta. La abrí, y Kevin entró sin esperar la invitación a pasar.

—¿Qué era tan urgente que no podía esperar? —le pregunté.

—Acabo de tener una pelea —dijo mientras entraba a mi oficina—. Puede que me haya metido en un problema grave.

—¿Qué pasó?

—Conducía mi camioneta en la ruta 205 hacia el sur cuando tres hombres me pasaron en un automóvil de carreras negro. El conductor arrojó una lata de gaseosa por la ventana que golpeó mi parabrisas y lo salpicó todo con la bebida. Él y sus amigos me miraron y se rieron. Yo también me reí y simulé que todo era una broma. Poco a poco los fui pasando hasta que me metí en su carril. Cuando estaban justo detrás de mí, pisé el freno. El tipo casi me choca por detrás. Si hubieran reconocido que ya estábamos en paz, todo hubiera terminado ahí, pero me hicieron señas para que me detuviera a un lado del camino.

Los seguí hasta el borde de la carretera. Me imagino que pensaban que eran hombres muy fuertes. El conductor salió del auto, infló su pecho, se acercó a mí y me lanzó un golpe con su puño derecho. Pero yo lo bloqueé y le di tres golpes rápidos, y le comenzó a sangrar la nariz. Cuando sus amigos se dieron cuenta de que alguien podría terminar herido, y que podrían ser ellos y su amigo, detuvieron la pelea.

Me quedé mirando a Kevin perplejo.

—Kevin, tienes treinta y cinco años. Tienes una esposa y dos niños. ¿En qué estabas pensando?

—Creo que no estaba pensando —dijo.

—¿Te sientes mejor ahora que castigaste a ese tipo?

—No. Me siento terrible. Pude haber lastimado a alguien y terminar en la cárcel. Además, tengo una calcomanía que dice "Yo amo a Jesús" en el parachoques trasero, y el tipo del automóvil de carreras casi la destroza. No fui el mejor ejemplo.

Durante años, Kevin había reprimido su enojo y evitado estos conflictos absurdos. Luego tan solo un suceso despertó a la bestia que tenía dentro. Y no la pudo dominar hasta que casi fue demasiado tarde.

La historia de Kevin ilustra la clase de decisiones imprudentes y nocivas que algunos hombres toman cuando están enojados. Claro que la mayoría no recurre al uso de la violencia física cuando se enoja. Muchos hombres retienen sus demostraciones de afecto o usan el sarcasmo o las disputas verbales para expresar su enojo. Increíblemente, un pequeño porcentaje de hombres niega haberse enojado o molestado alguna vez. Creo que un puñado de hombres llama al enojo con otro nombre, como frustración o nerviosismo. O tal vez vean el enojo como un mal tan terrible, que lo niegan y no admiten que sea una emoción que experimentan.

Sin considerar cuán a menudo usted se enoja o cómo lo exterioriza, he escrito este libro para ofrecerle la perspectiva y la estrategia bíblica que necesita para procesar y demostrar su enojo de una manera saludable. Cuando escribí este libro, no tenía en mente a hombres como Bruce Banner, que se transforma en el Increíble Hulk cuando se enoja. Por el contrario, lo escribí para hombres comunes y corrientes que en ocasiones hieren a las personas cuando pierden los estribos. Es para hombres que quieren controlar su enojo de una manera piadosa.

El 3% de los hombres encuestados dijo no haberse enojado nunca por lo que otras personas dicen o hacen.

El 80% dijo que se enoja varias veces al día.
El 15% dijo que se enoja muchas veces al día.

El 1% dijo que se enoja todo el tiempo.

Este libro tiene dos partes. En la primera, hablaremos del enojo para que usted descubra algunas verdades fundamentales: qué es, de dónde proviene, cómo demostraba Jesús su enojo y por qué estoy tan seguro de que el hombre nuevo y bueno dentro de usted puede aprender a controlarlo.

La segunda parte del libro aborda seis asuntos que creo que son cruciales para entender, procesar y demostrar su enojo de una manera piadosa. Los seis asuntos son:

La identidad
El respeto
El control
El orgullo
El perdón
La bendición

Cada uno de estos temas está elaborado con historias de hombres que han librado exitosamente su batalla contra el enojo. Todas las historias están basadas en hechos reales, aunque he cambiado algunos detalles y añadido material ficticio para ocultar las identidades de los hombres. También puse cada situación dentro del contexto de la consejería para ilustrar mejor cómo se manifiesta y se racionaliza el enojo comúnmente, y también cómo puede afrontarse y manejarse con eficacia.

Después de escribir el libro me di cuenta, mediante el consejo del equipo editorial de Tyndale y de algunas mujeres que leyeron el manuscrito, de que necesitaba escribir un capítulo para ayudar a las mujeres a animar a sus esposos o novios a aprender a procesar y demostrar su enojo de una manera piadosa. Espero que su esposa o novia lea todo el libro para que pueda comprenderlo mejor a usted. Pero el último capítulo está escrito pensando específicamente en ella.

Entre la introducción y los capítulos 1 al 8, encontrará en párrafos destacados información estadística que he obtenido de encuestas que envié a casi cinco mil hombres. Estos hombres que viven en los Estados Unidos recibieron mi correo electrónico semanal. Los encuesté para determinar qué hace enojar a los hombres y cómo responden cuando se enojan. He incluido sus respuestas en el libro porque pienso que le ayudarán a evaluarse y compararse con ellos.

La respuesta a las diferentes encuestas fue algo variada, pero el muestreo fue sustancial. Y aunque las encuestas no son científicas, creo que ofrecen un resultado confiable de las respuestas de esos hombres. Las preguntas fueron desarrolladas con la ayuda de un psicólogo certificado, y la información fue analizada por James C. Hassinger, un investigador operativo y analista de sistemas en Saint Charles, Missouri.

La información de las estadísticas del capítulo 9, el que fue escrito para las mujeres, deriva de casi trescientas mujeres que respondieron a la encuesta enviada a más de tres mil setecientos hogares vía Internet.

Para ayudarle a reflexionar en los temas que se tratan en cada capítulo o para conversar de ellos con otros hombres que están leyendo el libro, he escrito unas preguntas para el debate al final de cada capítulo. También encontrará un resumen de cada capítulo bajo el título "Verdades para vivir". Creo que la meditación de las Escrituras es crucial para interiorizar lo que se aprende, por lo tanto, he brindado algunos pasajes clave bajo el título "Fortalezca al hombre bueno".

Mientras escribía este libro pensaba en las palabras de Salomón en Proverbios 16:32:

> *Mejor es el que tarda en airarse que el fuerte;*
> *y el que se enseñorea de su espíritu, que el que toma una ciudad.*

Oro para que, al leer este libro, Dios lo haga:

> tardo para airarse;
> mejor que el fuerte;
> señor de su espíritu;
> mejor que el que toma una ciudad.

Estoy seguro de que mi oración será contestada, porque las cuatro afirmaciones anteriores describen su nuevo y verdadero ser: la persona que usted es en Cristo. El resto del libro lo ayudará a comprender su nueva identidad y a descubrir cómo los hombres buenos pueden procesar y demostrar su enojo.

PRIMERA PARTE

QUÉ ES EL ENOJO

CAPÍTULO 1

EL CENTRO DEL ENOJO

CUANDO ERA NIÑO me encantaba provocar incendios. Y cuando apenas tenía ocho años, ya era todo un experto, aunque alcanzar los fósforos o el encendedor de mi mamá requería de gran astucia, ya que mis padres no los dejaban en cualquier sitio. Cuando se dieron cuenta de que tenían un "pirómano" en casa, se aseguraron de mantenerlos ocultos.

El incendio más impresionante que provoqué se produjo en un terreno baldío frente a nuestra casa, en la calle Juniper de Roswell, Nuevo México. Lo que me motivó a comenzar el incendio fue una pila de basura que alguien había tirado en medio del solar. No habían vaciado un cubo de basura, sino una gran camionada de papel, latas, baldes de pintura, tablas de madera y otros desperdicios.

Todos los días, mi papá se quejaba de esa pila de basura. Hasta llamó al ayuntamiento y exigió con vehemencia que limpiaran ese desorden. Pero nadie levantó ni un dedo para quitar esa basura.

Con la mente de un niño de ocho años, sentía como si el montón de basura me llamara como las ninfas del mar de la mitología griega, cuyo dulce cantar atraía a los marineros hacia su destrucción sobre las rocas que rodeaban la isla. Claro que yo no sabía nada acerca de la mitología griega a los ocho años, pero ese montón de basura parecía rogarme que lo usara como combustible para un fuego.

Un día, mi mamá me dejó bajo la supervisión de mi hermana mayor. Cuando la amiga de mi hermana la llamó para preguntarle si podían verse, le insistí que se fuera y le prometí que me portaría bien. Una vez que se fue, tomé un bidón con casi 20 litros de gasolina del garaje. Como si fuera un superhéroe decidido a salvar el mundo, llevé el bidón de gasolina a donde estaba la pila de basura y rocié el papel, la madera y el resto de la basura con el combustible. Luego encendí un fósforo, lo arrojé a la gasolina y salí corriendo hacia mi casa, desde donde llamé a los bomberos.

El 69% de los hombres encuestados dijo que de niños provocaron incendios sin la supervisión de un adulto, solo por diversión.

Minutos después apareció el camión rojo de los bomberos que venía a toda velocidad por la calle Juniper, con su sirena encendida y sus luces rojas intermitentes. Mientras los bomberos conectaban la manguera a la boca de incendios y comenzaban a rociar las llamas con un poderoso torrente de agua, se agolpó una pequeña multitud de vecinos curiosos.

Una vez que el fuego sucumbió a la voluntad del agua y se convirtió en vapor y humo, me acerqué despreocupadamente a un bombero y le pregunté:

—¿Cómo cree que empezó?

Miró mi cara angelical llena de pecas, se frotó el mentón con la mano derecha, movió la cabeza y dijo:

—No estoy seguro. Tal vez fue una combustión espontánea.

En ese momento, sentí una oleada de placer, pues mi fechoría había pasado inadvertida, y veía que mis vecinos se acercaban a la humareda que quedaba, con el mismo asombro que tienen los niños en el zoológico. Me sentí todavía mejor unos días después, cuando el municipio mandó a una cuadrilla para limpiar el desastre.

MI ÚLTIMO INCENDIO

Esa experiencia me inspiró para planear un incendio aún más atrevido posteriormente, ese mismo año. Detrás de nuestra casa, había un callejón de tierra y gravilla por donde pasaba una compañía de saneamiento para recolectar la basura que estaba en unos contenedores de aluminio. Durante la primavera y el verano, crecían unas plantas rodadoras enormes justo detrás de nuestra cerca de madera blanca de más de un metro de altura, que bordeaba el callejón.

Yo no sabía mucho sobre los medidores de gas, pero el de nuestra casa estaba justo debajo de aquellas plantas, y pensé que podía provocar una explosión. Esperé hasta finales del verano cuando las plantas estuvieran tan secas e inflamables como la pólvora. Entonces metí unos periódicos viejos y arrugados debajo de las ramas, con mucho cuidado de no dañarme las manos o los brazos con los pequeños espinos que llenaban la plantas. La adrenalina recorrió todo mi cuerpo cuando froté el fósforo en el borde áspero de la cajita. Apareció una diminuta llama que de inmediato despidió una pequeña bocanada de humo con olor a sulfuro. Escuché que un perro ladraba en el callejón a la derecha y pensé que ya me habían descubierto. Pero cuando miré, ya no estaba, así que acerqué el fósforo al borde inferior del papel. Con un *zumbido* repentino, una bola de fuego naranja subió más allá de la cerca.

Sorprendido, regresé al otro lado del callejón, tan ajeno al peligro como una mariposa nocturna que inspecciona la luz de una vela. Mientras tanto, dentro de la casa, mi madre lavaba los platos en el fregadero de la cocina. Cuando miró por la ventana, vio las llamas que se disparaban en el viento justo detrás de la cerca. La escuché gritar mientras salía corriendo de la casa para abrir la llave de agua, tomar la manguera del jardín y correr hacia el fuego. Con total asombro y silencio, miré cómo apagaba rápidamente el fuego antes que pudiera incendiarse la cerca o que se produjera una explosión.

En menos de un minuto, había deshecho toda mi conspiración y planificación. Había terminado con mis sueños de divertirme con el fuego. Si tan solo hubiera asentido con la cabeza en reconocimiento de mi presencia y respetuosamente hubiera dicho: "Los niños siempre serán niños, debes tener más cuidado", me hubiera sentido decepcionado, pero no enojado. Pero como era mi madre, sintió la responsabilidad de disciplinarme por mi fechoría. Y con la rapidez de un gato que persigue a un ratón, me agarró de la mano derecha y me arrastró a través del jardín, hacia el porche de atrás y luego hasta la cocina. "¡Te voy a dar una paliza que nunca olvidarás!", dijo gritándome.

Al hacer memoria, me doy cuenta de que hubiera sido mejor haber bajado mi cabeza y quedarme callado. Pero cuanto más me apretaba, más me arrastraba, y cuanto más fuerte gritaba, más me enojaba. Claro que la amenaza de mi mamá no me importaba, porque sabía que a ella le faltaba voluntad o fuerza para lastimarme, por eso dije: "Adelante, golpéame. Por favor, mamá, golpéame tan fuerte como puedas. Quiero que lo hagas". Entonces me incliné y palmeé mi trasero con mi mano derecha, para mostrar dónde quería que me golpeara.

El 68% de los hombres encuestados considera que las relaciones con sus madres fueron buenas o excelentes.

En ese preciso momento, escuché un sonido detrás de mí que me hizo perder el aliento, como si me tuvieran bajo el agua sin poder respirar. Me giré y vi a mi papá parado detrás de mí. Había escuchado mi escandaloso arrebato de enojo y falta de respeto infantil.

De niño yo adoraba a mi papá. Jugábamos a lanzarnos la pelota, me enseñaba a montar a caballo y me contaba increíbles historias de su niñez. Hasta ese momento, solo había visto sus fortalezas y ninguna de sus debilidades. Y aunque nunca me disciplinaba enojado —y no parecía enojado ese día en particular—, sentí un temor saludable de saber lo que me podría hacer por haberle hablado así a mi madre.

—¿Así que quieres una paliza? —preguntó. Me di cuenta de que no era una pregunta, sino un recordatorio de lo que le había dicho a mi madre.

—No, papá. ¡No quiero! Era en broma… solo una broma —le rogué a mi papá que no me pegara. Prometí no volver nunca a hacer otra cosa mala si me perdonaba este error.

El 86% de los hombres encuestados recibió alguna paliza de su padre.

El 79% recibió alguna paliza de su madre.

El 70% dijo que hubiera preferido recibir una paliza de su madre.

Mi papá, un hombre con brazos de Popeye, se quitó el cinturón y formó un círculo al tomar cada una de las puntas con ambas manos. "Te aseguro que cuando termine contigo no volverás a hablarle así a tu madre, no importa cuán enojado estés". Y tenía razón. Después de esa experiencia tan bien merecida e inolvidable, y con la conversación que le siguió, me sacó la mala costumbre de provocar incendios maliciosos *y* de hablarle así a mi madre.

TRES ASUNTOS CLAVE

¿Cree que si hubiera sabido que mi papá estaba detrás de mí hubiera demostrado mi enojo de diferente manera? Cada vez que hablo ante un grupo de varones y hago la misma pregunta, la multitud suele responder con risotadas; la respuesta es más que obvia.

Y después de una larga pausa, les pregunto: "Entonces, el asunto del manejo de la ira se reduce a mi relación con mi Padre celestial, ¿verdad? Si vivo consciente de su presencia, puedo y voy a controlar lo que digo y hago cuando estoy enojado. No porque le tema de una forma malsana, sino porque quiero agradarle y porque sé que no me protegerá de las consecuencias de mis decisiones pecaminosas".

Dado que este es el caso, como hombres cristianos, ¿por qué no controlamos nuestro enojo?

Creo que hay tres asuntos clave que debemos observar. Primero, debemos aprender a entender nuestra nueva y verdadera identidad en Cristo. Segundo, debemos vivir con un reconocimiento continuo de la presencia de Dios. Tercero, debemos entender la fuente de nuestro enojo y cómo podemos procesarlo y expresarlo de una manera saludable que haga bien sin hacer daño.

Reconozco que estas tres afirmaciones parecen ser una simplificación excesiva de un asunto más complejo. Y comprender, procesar y expresar el enojo de una manera saludable implica asuntos confusos y muy complejos. Pero estos tres asuntos muestran el centro del problema y su solución.

Cuando usted se hizo cristiano, se convirtió en un nuevo hombre en Cristo. (Explicaré esto de manera más extensa en el capítulo 3). Este *nuevo hombre* es su *verdadera* identidad. Sin embargo, incluso como creyente, su carne anhela sentir gratificación fuera de Cristo. Cada vez que usted permite que su carne, con su enojo desenfrenado, controle sus pensamientos y dirija su comportamiento, sufre el peor tipo de robo de identidad. Ya no actúa de acuerdo a su nueva y verdadera identidad que tiene en Cristo, sino que permite que su carne, con su enojo destructivo, determine lo que piensa y hace.

El 94% de los hombres encuestados dice que le gustaría saber cómo procesar y expresar su enojo de una manera piadosa.

Desde su infancia, la carne ha excavado un profundo canal de pensamientos, sentimientos y acciones que dirigen su respuesta cuando está enojado. Cuando algo dispara su enojo, usted probablemente reaccione, no conforme a su nueva y verdadera identidad, sino conforme a la carne. Tal vez hasta piense que no tiene otra opción en el asunto.

Este libro fue escrito para ayudar al hombre bueno dentro de usted —el hombre que es transformado a la imagen de Cristo, el hombre que tiene el Espíritu de Dios— a que aprenda a procesar y manifestar su enojo de una manera coherente con su nueva identidad en Cristo. Y estoy seguro de que si usted pone en práctica lo que aprenderá en las siguientes páginas, podrá vivir como el hombre bueno que es, aunque llegue a enojarse.

VERDADES PARA VIVIR

- Puesto que entiendo mi nueva y verdadera identidad en Cristo, pensaré y actuaré más como Jesús.
- Al vivir consciente de la presencia de Dios, controlo cómo proceso y expreso mi enojo.
- Puedo aprender a usar mi enojo de una manera que haga bien sin hacer daño.

FORTALEZCA AL HOMBRE BUENO

Cuando yo vuelva a la vida, ustedes sabrán que estoy en mi Padre y que ustedes están en mí, y yo, en ustedes. (JUAN 14:20, NTV)

Yo los he amado a ustedes tanto como el Padre me ha amado a mí. Permanezcan en mi amor. (JUAN 15:9, NTV)

Y estoy seguro de que Dios, quien comenzó la buena obra en ustedes, la continuará hasta que quede completamente terminada el día que Cristo Jesús vuelva. (FILIPENSES 1:6, NTV)

PREGUNTAS PARA EL DEBATE

1. Cuándo era niño, ¿se metió alguna vez en problemas por un mal comportamiento, como el de provocar incendios?
2. ¿Cómo expresaba su enojo de niño?
3. ¿Cómo expresa su enojo ahora?
4. ¿Qué tipo de cosas hace que se enoje?
5. El reconocimiento de la presencia de Dios, ¿cómo afecta su manera de enojarse?
6. ¿Cómo puede cultivar ese reconocimiento?
7. ¿Cómo espera que este libro lo ayude?

CAPÍTULO 2

UNA EXPERIENCIA EXTRAÑA

Mi ciudad natal es mejor conocida por el Incidente de Roswell, la colisión de una nave misteriosa en el desierto al norte de la ciudad el 8 de julio de 1947. Los militares orquestaron una limpieza secreta y explicaron que los habían llamado para juntar las piezas de un globo de vigilancia ultrasecreto que se estrelló. Otros testigos insistieron que los restos eran de una nave extraterrestre. Aunque yo no nacería hasta dos años después del Incidente de Roswell, crecí consciente de este extraño suceso que puso a nuestra pequeña ciudad en el mapa y la convirtió en un fenómeno de la cultura popular.

Así que usted puede entender lo que mi esposa quiso decir cuando me dijo: "Creo que un ovni puso un huevo y dos años después tuvo cría. Esto explicaría tu… rareza". También explicaría un extraño sueño que tuve despierto.

En el sueño, estaba parado en medio de un campo remoto y estéril, rodeado de rocas y plantas rodadoras, en medio de la nada, a las afueras de Roswell.

Mientras miraba la tierra seca donde se estrelló la nave extraterrestre, vi una grieta en el suelo. *Supe* instintivamente que solo un extraterrestre había sobrevivido al impacto. Y también supe que se las había arreglado para almacenar un módulo en aquella grieta en forma de hoja justo antes de morir. Y me di cuenta de que ese fue el lugar de mi incubación.

Mientras estaba parado allí, repentinamente me envolvió un rayo brillante de luz. Y caí al suelo, como un títere cuyas cuerdas fueron cortadas.

Desperté horas después debajo de muchas plantas rodadoras —del mismo tamaño de las que crecían en el callejón de mi infancia en Roswell— que se habían extendido sobre mí. En mi mano, tenía un libro de doscientas páginas que pesaba menos de quinientos gramos y portaba el título "Comprende tu identidad alienígena".

Aparté las plantas, me incorporé y comencé a hojear las páginas del libro. En ese momento, supe que pasaría el resto de mi vida estudiando ese volumen, el cual, para mi fortuna y el mundo, estaba escrito en inglés y no en lenguaje extraterrestre. Estaba seguro de que en sus páginas se explicaría el secreto de mis poderes alienígenos y me diría cómo usarlos para el bien de la humanidad.

LA CLAVE PARA MANEJAR EL ENOJO

Me desperté de ese mundo de fantasía en el que estaba y medité en lo que había soñado. Entiendo que puesto que estas historias son del tipo de ciencia ficción, la mayoría de las personas ignora todas las referencias a la vida extraterrestre de nuestro planeta.

Aun así, como seguidor de Cristo, soy un alienígena. Según el diccionario, un alienígena es "una persona de familias, pueblos o lugares distintos y muy diferentes".[1] Como seguidor de Cristo, tengo una familia diferente, y mi hogar está en un lugar diferente. Pero mi identidad alienígena no proviene de alguna imaginación extraterrestre ni se describe en un documento alienígeno dejado a las afueras de Roswell. Más bien, mi identidad alienígena proviene de Dios y se describe en las páginas de la Biblia.

Pablo dijo que me convertí en una nueva criatura con una nueva identidad en Cristo cuando Dios me dio su Espíritu (2 Corintios 5:17). Pedro dijo a sus lectores que ellos eran "extranjeros y peregrinos" (1 Pedro 2:11) y que tenían una herencia reservada para ellos en el cielo (1 Pedro 1:4). Pablo les dijo a los filipenses que su "ciudadanía está en los cielos" (Filipenses 3:20).

Si creyó en Cristo como su Señor, es una realidad espiritual que usted es:

> un extranjero que está visitando este mundo;
> un extraño aquí;
> verdaderamente un hombre nuevo, un hombre bueno en Cristo.[2]

Esta verdad, que parece tan extraña como la ciencia ficción, es la verdad acerca de usted. Y es *la clave* para manejar su enojo.

¿POR QUÉ COMENZAR AQUÍ?

Antes de profundizar más sobre el tema de su nueva

identidad, tal vez se pregunte por qué empezar un libro sobre el enojo con un capítulo que se enfoca en su nueva y verdadera identidad en Cristo. Después de todo, la mayoría de los libros sobre el enojo comienza por exponer la seriedad del problema. Dicen que no es saludable gritarle a su esposa, a sus hijos ni a sus compañeros de trabajo. No es bueno poner en su sitio a las personas por medio del sarcasmo, el humor o su habilidad para debatir; rechazarlas retirándoles el habla; manejar como un maníaco; o quejarse todo el tiempo y culpar a los demás por sus problemas. No quiero decir que usted haga *todas* esas cosas cuando se enoja, pero es una lista que según mi investigación caracteriza a un hombre enojado. Y hay una gran posibilidad de que uno o más de estos comportamientos lo describan a usted enojado.

Me imagino que usted ya sabe que debe controlar su enojo o reconocerlo y demostrarlo de una manera saludable (o alguien que usted estima necesita hacerlo). Si necesita convencerse, este no es el libro indicado. Si es el libro correcto, y espero que lo sea, entonces podemos ir directo al corazón del asunto.

El 58% de los hombres encuestados dice que su enojo y la manera de demostrarlo han dañado una relación con un miembro de su familia o con un amigo.

Comienzo aquí porque creo que la clave para procesar y manejar su enojo exitosamente reside en su nueva identidad como cristiano. Cuando no manejamos nuestro enojo de una manera piadosa, permitimos que nuestra carne, la parte de nuestra personalidad que busca gratificación fuera de Dios, robe nuestra identidad. Entonces pensamos y actuamos conforme a nuestras pasiones pecaminosas y egoístas. Debemos reconocer cuando pasa esto, y elegir actuar de una manera que provenga de nuestra nueva vida en Cristo. Pero para que eso suceda, primero debemos entender nuestra nueva identidad.

El problema que a menudo tenemos con el enojo es que es una emoción tan poderosa que, como un río embravecido, nos dejamos llevar por la corriente, sin apercibirnos de que podemos disminuir su velocidad o desviarlo hacia una dirección constructiva.

Sin embargo, el manejo del enojo requiere desconectarse mentalmente de nuestras emociones y nuestros razonamientos. Y a la mayoría de nosotros nos falta el entrenamiento y la disciplina para tener tal razonamiento cuando estamos enojados. Al final, lo que pensamos, sea bueno o malo, sobre nosotros y las acciones de otros, crea la energía que incita nuestro enojo. Y solo un razonamiento correcto nos ayudará a dominar su poder y dirigirlo hacia una dirección segura y constructiva.

Creo que el enojo y el sexo son similares en el sentido de que los dos son fuerzas poderosas que dan energía al hombre, así como el potencial de hacer el bien o el mal. Y mientras que muchos cristianos han tratado de dominar sus pensamientos y acciones sexuales, no lo han hecho con su enojo. Creo que se debe a que los hombres ven el enojo como una bestia salvaje, por eso no se esfuerzan mucho en domarla.

Cuando se dejan llevar por ella, nada los paraliza de miedo, aunque se dirijan rumbo a un barranco. O tal vez controlen su enojo en el trabajo, pero lo dejan libre en el hogar y pisotean a su esposa y sus hijos bajo sus duras pezuñas.

Quiero que sepa que usted puede controlar su enojo. Por la gracia de Dios, este sentimiento poderoso que les ha causado tanto daño a usted y a los que ama puede ser usado para bien y para la gloria de Dios.

¿QUÉ ES EL ENOJO?

El enojo, según el diccionario, es un intenso estado emocional inducido por un disgusto.[3] Obviamente, algo tiene que disparar esta descarga de emociones, como el tipo que se nos atraviesa en la carretera. En cuanto él se pone delante de nuestro coche, nuestra temperatura y adrenalina se elevan, el ritmo del corazón se incrementa, y nuestra presión se dispara. Sin pensarlo mucho, tal vez hagamos sonar la bocina o lo pasemos y nos atravesemos en su camino. El enojo nunca discrimina; comprende a la persona entera, su cuerpo, mente, emociones y voluntad.

A pesar del daño que puede hacer, el enojo destructivo es una distorsión de algo bueno. En su libro *La otra cara del amor*, Gary Chapman observa que, aunque el enojo no es una parte esencial de la naturaleza de Dios, fluye "de dos aspectos de su naturaleza divina: la santidad de Dios y el amor de Dios".[4] Cuando Dios ve el daño que resulta del pecado del hombre, se enoja. De hecho, la palabra *enojo* se encuentra 455 veces en el Antiguo Testamento, y en

375 de ellas, Dios es el que está enojado. Chapman explica: "La preocupación de Dios por la justicia y la rectitud (de las cuales proceden su santidad y su amor) estimula el enojo de Dios. De modo que cuando Dios ve el mal, experimenta enojo. El enojo es su respuesta lógica a la injusticia o la maldad".[5]

Dios nos creó a su imagen, así que es lógico que a nosotros también nos preocupe la justicia y la rectitud. "El enojo, pues, es la emoción que se presenta cuando nos encontramos con lo que percibimos que está mal".[6]

El problema es que muchas veces nos enojamos por lo que *percibimos*, no por lo que *en verdad* es malo, o reaccionamos de forma exagerada. Jesús nunca hizo esto.[7]

CUANDO JESÚS SE ENOJÓ

Cuando miramos a Jesús, encontramos que casi nunca se enojaba, aun cuando lo ofendían. Y cuando se enojaba, era moderado al expresarlo. Cuatro ocasiones en las que se enoja son las que más me llaman la atención: las dos purificaciones del templo al principio y final de su ministerio (Juan 2:13-25; Mateo 21:12-17), la vez que los discípulos prohibieron a los niños ir hacia Él (Marcos 10:14) y el día de reposo, cuando los líderes religiosos le dijeron que era contra la ley sanar a alguien en ese día (Marcos 3:1-5).

La palabra griega usada en Marcos 10:14 indica que Jesús sintió "indignación" hacia sus discípulos.

Cuando Marcos describe cómo Jesús miró a los fariseos con enojo, usa una palabra diferente, *orge*, que se refiere al enojo como la más fuerte de todas las pasiones.[8] Evidentemente, Jesús sintió un enojo intenso contra los endurecidos fariseos. Sin embargo, en ese mismo versículo, Marcos señala que también siente "compasión" o "dolor" por ellos.

Cuando usted se enoja, ¿cuán a menudo siente compasión por la persona que, según usted, le hizo algún mal? Si usted es como yo, eso pasa tan seguido como las veces que expresa gratitud al policía que lo detiene por ir en exceso de velocidad.

Sin lugar a dudas, la compasión de Jesús atenuaba su enojo. Él realmente entendía y se preocupaba por las personas que repetidamente ofendían e insultaban a otros.[9]

¿Y qué podemos decir de la purificación del templo? Aunque sus acciones fueron agresivas, eran las adecuadas para la situación. Recuerde que Jesús tenía treinta años de edad cuando fue la primera purificación del templo. Es probable que hubiera visitado ese lugar desde que tenía doce años cada vez que se celebraba la Pascua, y desde entonces había escuchado la cacofonía de los sonidos de las vacas y ovejas y los gritos que le seguían de los mercaderes y los cambistas.

Como la única moneda "limpia" era la judía, las personas con moneda extranjera tenían que cambiarla antes de poder comprar los animales a un precio excesivo para presentarlos como ofrenda a Dios. Pero lo que debió haber encendido más el enojo de Cristo fue que todo esto sucedió en el atrio de los gentiles, el único lugar donde los que no eran judíos podían ir a orar y adorar a Dios. En vez de crear un lugar tranquilo para la oración, los judíos lo habían convertido en un mercado ruidoso y apestoso.

Me imagino que cada vez que Jesús entraba al atrio de los gentiles, la escena cebaba su enojo. Cuando finalmente expresó su indignación, comprendió completamente la injusticia sufrida por los adoradores y la falta de respeto demostrada a la casa de su Padre.

Cuando Jesús entró al templo ese día, tomó unos pedazos de cuerdas, correas y amarras y las trenzó para hacer un látigo. Entonces, sin advertencia, el "buen Jesús, manso y humilde" se convirtió en un tornado en acción. Los ojos de los discípulos debieron haberse abierto de par en par cuando Jesús sacudió el látigo y comenzó a sacar el ganado, las ovejas, los bueyes *y* a sus dueños del transitado atrio. Luego esparció las monedas de los cambistas, volcó las mesas y obligó a los hombres asombrados a salir rápidamente. A los que vendían palomas, les dijo: "Saquen todas esas cosas de aquí. ¡Dejen de convertir la casa de mi Padre en un mercado!" (Juan 2:16, NTV).

Hace poco hablé en un congreso para varones y dije que debían seguir el ejemplo de Jesús a la hora de procesar y manifestar su enojo. Unos días después, recibí un correo electrónico severo de un pastor que dijo: "Debemos seguir el ejemplo de Jesús en su humildad. ¡No en su enojo!".

Sin embargo, creo que Jesús demostró su enojo con humildad. Y estoy convencido de que debemos seguir su ejemplo en todas las cosas. Después de todo, Jesús nunca perdió el control de sí mismo. Él no estaba sujeto al enojo. Más bien, dominaba su enojo. De hecho, demostró autocontrol al no soltar las palomas del templo. Cualquier otro animal que soltara, podían acorralarlo y recuperar el dinero. Pero si soltaba las palomas, estas se escaparían y causaría una pérdida a sus dueños.[10]

Y aquí está la buena noticia: usted y yo somos capaces de procesar y expresar nuestro enojo igual que Jesús. Esta verdad se basa en el hecho de que, como sus seguidores, Él vive en nosotros y nosotros en Él.

Como lo mencioné anteriormente, y lo haré de nuevo, nuestra nueva y verdadera identidad está en Cristo. Así como una página encuentra su identidad en un libro o una letra del alfabeto encuentra su identidad en una palabra, nosotros encontramos la nuestra en Jesucristo.

Comienzo este libro con la intención de mostrarle a Jesús, porque Él es la solución a sus problemas con el enojo. Él es el ejemplo que debe seguir, el sanador de su alma y el freno de su ira.

Estoy convencido de que un cristiano maduro es aquel que entiende su nueva identidad en Cristo y vive conforme a ella. (Hablaré sobre su nueva identidad en el capítulo siguiente). Cuanto más comprenda quién es en verdad, más actuará en armonía con su nueva y verdadera naturaleza. Para que eso ocurra, debe entender de qué manera su carne (o "el viejo hombre", como dicen algunas traducciones de la Biblia) ha dado forma a cómo se ve a usted mismo y cómo actúa, y especialmente cómo procesa y expresa su enojo. Entonces, necesitará obtener una vislumbre de su verdadero ser en Cristo. Así que aparte un tiempo y revise lo que aprendió en este capítulo. Coméntelo con un amigo. Y cuando esté listo para continuar, comience a leer la segunda parte.

VERDADES PARA VIVIR

- La realidad espiritual es que soy un extranjero, un extraño en la tierra y un hombre bueno en Cristo.
- Mi enojo es una señal de que he sido creado a la imagen de Dios.
- Jesús me dio ejemplo sobre cómo combinar la compasión con el enojo.
- Puedo aprender a procesar y expresar mi enojo de una manera saludable, así como Jesús lo hizo cuando estaba en la tierra.
- Cuando procese y exprese mi enojo como Jesús lo hizo, Dios usará mi pasión para la extensión de su reino.

FORTALEZCA AL HOMBRE BUENO

Mas nuestra ciudadanía está en los cielos, de donde también esperamos al Salvador, al Señor Jesucristo. (Filipenses 3:20)

Porque la ley del Espíritu de vida en Cristo Jesús me ha librado de la ley del pecado y de la muerte. (Romanos 8:2)

De modo que si alguno está en Cristo, nueva criatura es; las cosas viejas pasaron; he aquí todas son hechas nuevas. (2 Corintios 5:17)

PREGUNTAS PARA EL DEBATE

1. ¿Por qué es tan importante resaltar su nueva identidad en Cristo como una manera de ayudarle a manejar su enojo?
2. ¿Cómo demuestra el enojo que los hombres son creados a la imagen de Dios?
3. Cuando Jesús se enojó con los fariseos, también sintió compasión. ¿Siente usted compasión cuando se enoja? ¿Por qué? ¿Por qué no?
4. ¿Cómo demostró Jesús su enojo de una manera controlada cuando purificó el templo?
5. ¿Cómo puede seguir su ejemplo?

SEGUNDA PARTE

HISTORIAS DE ENOJO

La identidad

El respeto • El control

El orgullo • El perdón • La bendición

La respuesta

CAPÍTULO 3

EL HOMBRE CON UN AGUJERO EN SU ROSTRO

La identidad

LO PRIMERO QUE NOTÉ sobre Rogelio fue su sonrisa. Era una expresión tan amplia y feliz que iluminaba el resto de su rostro. Sin embargo, al sonreír se le torcía el labio y parecía ridículo. No ridículo como un tonto, sino gracioso, como si tuviera sentido del humor. Lo miré y le devolví la sonrisa. No como cortesía, sino porque creo que cualquiera que lo viera sonreír sentiría ganas de reírse como si hubiera escuchado un chiste en secreto. Así que sonreí mientras él y su esposa entraban a mi oficina.

El cabello oscuro de Rogelio cubría su frente, y a sus cuarenta años tenía la apariencia de un hombre diez años más joven. Tenía una cicatriz en su mejilla izquierda. Su forma era la de una estrella del tamaño de una moneda pequeña. La obtuvo de una manera inusual —no, *inusual* no es la palabra correcta—, de una manera extraña y violenta, como pronto me enteraría.

Lucy, su esposa, se parecía un poco a Nicole Kidman con su cabello rubio rojizo, ojos azul cielo y tez blanca cremosa. Rogelio medía más de 1.80 m, y Lucy medía como 1.60 m. Sus ojos eran como de acero duro, y supe de inmediato que la sonrisa de Rogelio escondía algo que había herido a Lucy.

Se sentaron en las dos sillas de cuero marrón de mi oficina, justo al lado de la chimenea. Y yo me senté en una silla de cuero frente a ellos.

Después de algunos minutos de conversar, les pregunté por qué habían venido a verme. Se miraron el uno al otro, y luego Rogelio dijo:

—Necesitamos ayuda con nuestro matrimonio.

—¿Cuál es el problema más grande?

—El enojo de Rogelio —dijo Lucy.

—¿Eso es verdad, Rogelio? —le pregunté.

Él asintió.

—Quiero que los dos sepan que no soy un consejero profesional. Puedo evaluar sus fortalezas y debilidades, ayudarles a comunicarse con Dios y darles una metodología. Pero para que el plan funcione, deben ponerlo en práctica. ¿Están dispuestos a hacerlo?

Se miraron el uno al otro y asintieron.

LAS REGLAS BÁSICAS

Como pastor y consejero espiritual, me es de mucha ayuda explicar de inmediato las reglas básicas de nuestras reuniones. Les hice ver a Rogelio y a Lucy que yo me enfoco en los resultados, así que si la persona o la pareja con la que trabajo falla constantemente en practicar nuestro plan de acción, las envío a un terapeuta. Este será capaz y estará dispuesto a pasar el tiempo necesario para ayudarles a comprender la raíz de su problema para que puedan resolverlo.

Les dije que creo que la mayoría de los problemas que tenemos con el enojo y con otros comportamientos compulsivos pueden entenderse y manejarse rápidamente si estamos dispuestos a trabajar duro.

Desde luego, puede tomarnos toda una vida comprender cómo nos hemos confundido tanto y conocer verdaderamente nuestra identidad en Cristo. Pero manejar el problema puede lograrse rápidamente con una buena consejería y con esfuerzo.

—Haremos nuestra parte —dijo Rogelio. Lucy estuvo de acuerdo.

Rogelio se tocó la cicatriz de su mejilla izquierda.

—¿Cómo sucedió? —le pregunté.

Se frotó la cicatriz y sonrío con esa sonrisa graciosa.

—Una noche me enojé, puse el cañón de una pistola cargada en mi boca y apreté del gatillo. Quería volarme los sesos, pero fallé y me hice un hoyo en la cara.

No me lo esperaba, pero aun así me las arreglé para tragarme mi espanto sin ahogarme.

—¿Hace cuánto que te lo hiciste?

—Hace diez años —dijo—. Fue entonces cuando decidí dejar de beber.

—Pero todavía tiene problemas para controlar su enojo —dijo Lucy—. Nunca me ha lastimado, pero cuando se enoja, me grita y me amenaza. A veces me amenaza con lastimarse él mismo.

—Cuando me entregué a Cristo el año pasado, esperaba que eso le pusiera fin a mi enojo —dijo Rogelio.

—¿Cómo si fuera una píldora mágica? —le pregunté.

—O como una varita mágica —dijo Rogelio.

En las sesiones siguientes, los tres hablamos sobre algunos de los asuntos que abordaré en los próximos capítulos... temas que ayudaron a Rogelio a comprender cómo su historia personal lo había hecho susceptible a una ira extrema y a veces violenta. Pero primero quería ayudarlo a comprender la raíz espiritual del problema y cómo su nueva identidad en Cristo era la clave para manejar y expresar su enojo de una manera piadosa.

EL TORO ENFURECIDO

En esa primera sesión, le pedí a Rogelio que describiera su enojo.

—Cuando estoy enojado, siento como si un toro enfurecido corriera por los callejones de mi mente. No, es peor que eso —dijo Rogelio—. Siento como si un toro tomara el control de mi mente. No puedo decidir qué hacer, porque el toro me ha dominado. Es como si me convirtiera en el toro.

Las palabras de Rogelio flotaron en el aire. No dije nada por unos momentos mientras pensaba cómo contestarle.

—Es una buena analogía —le dije—. Pero ¿eres tú el toro? ¿Crees que su salvajismo determina lo que tú eres por dentro?

—A veces lo siento así —respondió.

Lucy se sentó en silencio mientras miraba el fuego de la chimenea.

—Puede que sea verdad —dije—. Pero tú no eres el toro.

Les entregué una Biblia y me quedé con una para mí.

Les pedí que buscaran conmigo 2 Pedro 1:4. Cuando todos lo encontramos, dije:

—Fíjense que dice que nuestro Padre "nos ha dado preciosas y grandísimas promesas". Estas son las promesas que les permiten a ustedes compartir su naturaleza divina y escapar de la corrupción del mundo causada por deseos humanos.

Luego, le dije a Rogelio:

—Rogelio, Dios dice que, como creyente, tú compartes su naturaleza divina.

A continuación pasamos varios minutos leyendo otros pasajes de las Escrituras sobre nuestra identidad en Cristo.

- Como seguidores de Cristo, somos nuevas criaturas, y todo lo viejo ha pasado (2 Corintios 5:17).
- Somos aptos para compartir la herencia con los santos (Colosenses 1:12).
- Los que creemos en Jesús somos hijos de Dios (Juan 1:12).
- Somos una "nación santa" y "extranjeros y peregrinos" a quienes el apóstol Pedro exhorta a abstenerse "de los deseos carnales que batallan contra el alma" (1 Pedro 2:9, 11).

UN HOMBRE NUEVO

—Una verdad increíble es que hay solo dos familias en la tierra: la familia del hombre y la familia de Dios —les dije a Rogelio y a Lucy cuando terminamos de leer los pasajes de las Escrituras—. Y cuando ustedes creyeron en Cristo, se convirtieron en miembros de la familia de Dios. Hay dos especies dentro de la humanidad: aquellos que ya están en casa y los que son extranjeros. Rogelio, cuando confiaste en Cristo, Dios te hizo un hombre nuevo, una nueva criatura. Y no es un cuento de hadas, sino una realidad espiritual que determina tu verdadero ser.

—Pero cuando me enojo, no me siento como un hombre nuevo —dijo Rogelio—. Me siento como un toro enfurecido.

—Tal vez se deba a que antes de conocer a Cristo, eras un toro enfurecido. Y ese toro controlaba tus pensamientos y tus acciones. Me gusta cómo la Biblia define al toro que tienes dentro: la "carne". En Efesios 2:3, Pablo dijo que como incrédulos vivíamos "en los deseos de nuestra carne, haciendo la voluntad de la carne y de los pensamientos". La palabra *carne* se refiere a esa parte de nuestra personalidad que busca poder y gratificación fuera de Dios. Antes de conocer a Cristo, determinaba también nuestra naturaleza básica, esto es, la esencia de nuestro ser interno. Y antes que tú conocieras a Cristo, en tu fuero interno te impulsaba tu carne, el toro, en todo lo que pensabas y hacías. No significa que fuiste todo lo malo que pudiste ser, sino que permitías que se manifestaran los deseos malvados de tu mente y cuerpo en el procesamiento y en la expresión de tu enojo.

Luego, buscamos Gálatas 5:19-21, un pasaje en el que Pablo enumera las actitudes destructivas y las acciones que emanan de nuestra carne: "adulterio, fornicación, inmundicia, lascivia, idolatría, hechicerías, enemistades, pleitos, celos, iras, contiendas, disensiones, herejías, envidias, homicidios, borracheras, orgías, y cosas semejantes a estas". Les pedí a Rogelio y a Lucy que notaran cómo la palabra *ira* se describe como una "obra" de la carne.

Luego dije: "Pero lo más importante es que mientras la carne, con sus deseos malvados, aún reside en ti, ya no determina tu verdadero ser. El toro ha crecido de manera salvaje por tantos años que no te das cuenta de que no tiene poder sobre ti".

—Tu enojo se sale de control cuando permites que tu carne robe tu identidad, lo que provoca que actúes como el hombre que solías ser, no como el nuevo hombre que eres en Cristo. El hombre nuevo y bueno que hay en ti todavía volverá a enojarse. Está bien. Pero es muy importante que aprendas a enojarte sin permitir que el toro use tu enojo para robar tu identidad y controlar tus acciones.

Al terminar la sesión, le di una tarea a Rogelio. Le di una tarjeta y un bolígrafo, y le dije:

—Quiero que escribas en la tarjeta: "Soy un hombre nuevo y bueno en Cristo". Del otro lado escribe 2 Corintios 5:17, que dice: "De modo que si alguno está en Cristo, nueva criatura es; las cosas viejas pasaron; he aquí todas son hechas nuevas". Todas las noches, antes de dormir, lee los dos lados de la tarjeta. Cuando te levantes por la mañana, vuélvelos a leer. Cuando ves que empiezas a enojarte, antes que el toro te domine, lee la tarjeta y dile esto a Dios: "Padre, yo sé que soy un hombre nuevo y bueno en Cristo. El enojo que siento tal vez no sea malo, pero sé que mi carne lo quiere usar para dominar mi vida y determinar quién soy. Gracias a ti ya no me distingo por el toro, sino por ti.

—¿Cómo le ayudará esto a controlar su enojo? —preguntó Lucy.

—Le ayudará, porque él se ve *a sí mismo* como el toro. Ha permitido que el enojo empedernido de su carne controle sus pensamientos y acciones por tanto tiempo que ha determinado quién es. Pero es mentira. Él es un hombre nuevo y bueno en Cristo, y necesita verse de esa manera. El control de su enojo comenzará cuando Rogelio comprenda su identidad. Sé que es un ejercicio muy simple, pero es muy importante.

Durante las tres semanas siguientes, me reuní con Rogelio y Lucy de manera regular. Todos estábamos animados, pues Rogelio parecía estar progresando. No se enojaba tan seguido ni lo demostraba de manera peligrosa. Pero una noche recibí una llamada de Lucy.

¡TIENE UNA PISTOLA!

Contesté el teléfono y oí a alguien sollozando. Pero era algo más que sollozos; la mujer parecía histérica.

—Rogelio y yo tuvimos una discusión —dijo—. Se puso mal, entró al cuarto violentamente y agarró su pistola. Todavía está en el cuarto y amenaza con dispararnos a los dos.

Menos del 1% de los hombres encuestados dijo volverse abusivo físicamente cuando se enoja.

—Bueno —respondí mientras pensaba qué decir… y qué hacer. No todos los días recibo una llamada de alguien cuyo esposo amenaza con cometer asesinato y suicidio. De hecho, fue la primera y única vez. Sabía que llamar a la policía era lo más seguro que hacer, y es lo que yo recomendaría a cualquiera en esta situación. Ellos están entrenados para calmar este tipo de situaciones. Pero en ese momento, temí que si la policía aparecía, Rogelio pudiera dispararle a alguien o dispararse a sí mismo. Y estaba seguro de que no me dispararía a mí—. Voy para allá —dije—. Mientras tanto, ve a un lugar seguro.

Mientras salía de la casa, mi esposa me rogaba que llamara a la policía.

—Todo saldrá bien —le aseguré.

Quince minutos después, me estacioné frente a su casa y salí de mi auto. Un momento después, Lucy se apresuró a llegar a donde yo estaba. Cuando estuvo frente a mí, me acerqué y le toqué el brazo. De repente comenzó a llorar sin control, y cada vez parecía ser más pequeña. Me pregunto si habré tocado alguna parte sensible de su alma y liberado el río de lágrimas.

—¿Dónde está? —le pregunté.

—En el cuarto —contestó—. Lo acompaño.

—No, solo muéstrame el camino —le dije.

—Vaya por el pasillo. Está en el segundo cuarto a la izquierda.

Mi corazón latía como un conejo asustado mientras me acercaba a la puerta.

—Rogelio, soy yo, Bill —le grité, mientras abría lentamente la puerta. Usé la pared como un escudo y metí mi cabeza en el cuarto donde vi a Rogelio que estaba sentado en la cama girando la pistola sobre su dedo índice como un pistolero.

LAS BALAS ATRAVESARÍAN LAS PAREDES DE YESO

—¿Por qué está parado detrás de la pared? —preguntó Rogelio—. Si le quisiera disparar, las balas atravesarían las paredes de yeso como si fueran de papel.

—Oh —dije. Y luego me reí como si hubiera pensado algo—. Rogelio, con tu historial de mala puntería, probablemente estoy en un lugar seguro.

Se rió y me invitó a entrar al cuarto.

—Tome asiento —dijo, meneando su cabeza con una sonrisa—. No puedo creer que me hiciera reír, pero lo hizo.

Me senté a un lado de él en la cama y miré la pistola, la cual no dejaba de girar.

—Rogelio, ¿me podrías dar la pistola?

Giró el arma una vez más y luego la colocó violentamente en su mano izquierda.

—Buena idea —dijo mientras vaciaba la pistola y me la entregaba—. No pretendía dispararle a nadie. Solo era un apoyo.

—¿Tienes alguna otra arma? —pregunté.

—Sí.

—¿Te importaría si las guardo por un rato? Creo que Lucy se sentirá más segura. Y yo dormiría más tranquilo si me las dieras.

—Seguro, puede tomarlas —dijo.

Mientras Rogelio y yo salíamos de la habitación, le pregunté:

—¿Qué pasó?

—Iba muy bien hasta que Lucy me empezó a sacar de quicio con cortar el césped. No me dejaba en paz —dijo—. No soy un niño que necesita que le digan qué hacer con su vida. ¡Vamos! ¡Que me dé un respiro! De cualquier modo, el toro tomó las riendas, y perdí los estribos.

Hablamos algunos minutos y luego fuimos hasta donde estaba Lucy. Increíblemente, ella se había calmado y se disculpó con Rogelio por haberle faltado al respeto.

—No volverá a pasar —dijo él—. Bill se llevará mis armas a su casa.

Con la esperanza de cambiar esta situación, dije:

—A veces los cristianos se sorprenden cuando descubren que son tan capaces de hacer cosas malas como cuando no conocían a Cristo. Pero lo que pasó hoy es una prueba de que tu carne, el toro enfurecido, está esperando en su establo, impaciente por dominar tu vida.

DEBE COMPRENDER SU NUEVA Y VERDADERA IDENTIDAD

Le pedí una Biblia a Lucy. Buscamos juntos Romanos 6:2, donde Pablo pregunta: "Los que hemos muerto al pecado, ¿cómo viviremos aún en él?". Creo importante resaltar que Pablo no dijo que murió nuestro pecado o enojo empedernido. Dice que *nosotros* morimos.

—Dado que ninguno de nosotros ha muerto físicamente —dije—, Pablo debió referirse a otro tipo de muerte, una muerte espiritual. Esto es algo profundo. Pablo nos dice que, como creyentes, hemos sido identificados espiritualmente con Cristo en su muerte, sepultura y resurrección.

—¿Cómo pasó eso? —preguntó Rogelio.

—No lo sé —respondí—. Pero de algún modo, Dios superó la barrera del tiempo y el espacio y nos colocó en Jesús durante su crucifixión y resurrección. Todo lo que es verdad de Él, lo es de nosotros.

Le pedí a Rogelio que pensara por un momento lo que implica esta verdad, y luego le pregunté:

—¿Tiene el toro enfurecido dominio sobre Cristo?

—Por supuesto que no —dijo.

—Dado que esto es así —dije—, tampoco tiene poder sobre ti. Pablo quiere que te des cuenta de que es contradictorio permitir que el enojo domine tu vida, pues tú has muerto y has sido levantado con Cristo. Eres un hombre nuevo que se identifica con Cristo. ¡El Señor del universo, el que ha resucitado, vive en ti!

OTRO INCIDENTE ROSWELL

—Déjame darte otra ilustración.[1] El patio de la casa donde crecí tenía varios árboles de manzana silvestre. Un día, arranqué una manzana de uno de los árboles y la puse en mi boca. Casi de inmediato me arrepentí de haber hecho eso. Esperaba probar algo dulce, pero era totalmente amarga. Esa fruta amarga es una excelente imagen de nuestra naturaleza *antes* de creer en Cristo. El apóstol Pablo lo describió de esta manera: "Entre los cuales también todos nosotros vivimos en otro tiempo en los deseos de nuestra carne, haciendo la voluntad de la carne y de los pensamientos, y éramos por naturaleza hijos de ira, lo mismo que los demás".[2] Así como ese árbol producía fruta ácida que solo servía para pudrirse, así también nuestra carne maligna producía obras pecaminosas que tenían como resultado la miseria y la muerte. Puedes ver esto cada vez que tu enojo se sale de control y maneja tu vida.

—¿En serio? —dijo Rogelio.

—Pero suponte que mi papá se cansó de obtener solamente fruta amarga de esos árboles, y entonces pensó en una manera de cambiar su fruto. Hizo un corte diagonal a través del tronco de uno de los árboles. Luego hizo un corte diagonal parecido en la parte verde y fresca del tallo de otro árbol, y lo injertó en lo que quedaba del tronco del primer árbol. Luego cubrió y selló la unión y amarró el nuevo tallo con una abrazadera. Por último, colocó una etiqueta en una de las ramas nuevas que decía: "Manzanas doradas deliciosas". Pasaron unos meses hasta que aparecieron esos brotes. Y al poco tiempo dio fruto. Al final aparecieron las manzanas: las manzanas doradas deliciosas. Entonces, Rogelio, si alguien le hubiera preguntado a mi papá qué tipo de árbol era, ¿qué hubiera respondido?

—Me imagino que ya no sería un árbol de manzanas silvestres, ¿verdad? —preguntó.

—Así es. Pero tampoco sería un árbol de manzanas silvestres/doradas deliciosas.

—Creo que ya sé a qué se refiere —dijo Rogelio—. Sería un árbol de manzanas doradas deliciosas.

—Exactamente. Esa sería la nueva y *verdadera* identidad del árbol. Pero el árbol seguiría teniendo problemas de identidad. ¿Por qué? Porque debajo del injerto, seguirían apareciendo los brotes falsos. Y si no se cortaran, producirían manzanas silvestres. Esos brotes falsos y sus frutos serían usurpadores, merecedores solo de una cosa: su eliminación. De hecho, mi papá tenía que ser constante en eliminar cualquier brote que saliera debajo del injerto. De otro modo, hubieran invandido el árbol de tal manera que apenas se hubiera visto su verdadera identidad, rodeada del crecimiento descontrolado debajo del injerto. Pero aunque eso pasara, mi papá no hubiera cambiado la etiqueta.

—Está bien —dijo Rogelio—. Lo entendí. Él no tendría que cambiar la etiqueta, porque la naturaleza del árbol seguiría siendo la de un árbol de manzanas doradas deliciosas.

—Exactamente —dije—. Los brotes falsos tendrían que desaparecer, porque ya no representan la verdadera identidad del árbol.[3]

"Cuando creíste en Cristo, tu viejo ser fue arrancado, crucificado. Has dejado de ser lo que eras por naturaleza, un hijo de ira. En este momento, eres un hombre nuevo".

—Pablo dijo esto de otra manera en Gálatas 2:20: "Con Cristo estoy juntamente crucificado, y ya no vivo yo, mas vive Cristo en mí; y lo que ahora vivo en la carne, lo vivo en la fe del Hijo de Dios, el cual me amó y se entregó a sí mismo por mí". Pero, como sabes, la raíz y base del viejo tronco aún permanece en ti. No han cambiado para nada. De hecho, todavía tratan de hacer que broten sus ramas. Pero no importa cuántas manzanas silvestres, o pecados de enojo, aparezcan en tu vida, tú eres un hombre nuevo por naturaleza.

A continuación le dije:

—Rogelio, tú has sido liberado del poder de la ira. Pero el primer paso para aprovechar tu nueva identidad requiere de conocimiento. Tú eres un hombre nuevo porque has sido unido a Cristo, y tu viejo hombre con su ira incontrolable no tiene mayor poder sobre ti que el que tiene sobre Jesucristo. Él es el árbol de manzanas doradas deliciosas que se te injertó, y cambió tu identidad.

—Entonces, lo que me pasó esta tarde —dijo Rogelio— es que mi carne, esos brotes falsos, me recordaron que su poder no se había roto. Me *sentí* como un árbol de manzanas silvestres y actué como tal.

—Así es —dije—. Pero independientemente de cómo te sientas en el futuro, necesitas saber que Cristo destruyó el poder del viejo hombre y su enojo destructivo. Ya no tienes que sucumbir ante tu enojo. Los brotes falsos de la base del árbol no necesitan crecer en tu vida y determinar tu identidad. Los sentirás debajo del injerto, listos para crecer y dominarte. Cuando eso pase, deberás arrancarlos y enfocarte en tu nueva identidad. De esa manera, tu vida producirá pensamientos y acciones conforme a quien eres en Cristo. Procesarás y demostrarás tu enojo como Él lo hizo.

Rogelio me miró y sonrió.

—La verdad, Bill, es que me gustó más la ilustración del toro. Supongo que algunos se vuelven amargados cuando se enojan. En lo personal, siento como si un toro me dominara. De cualquier modo, entiendo lo que dice: cuando mi enojo se desata, no actúo conforme a mi nuevo y verdadero ser.

—Y cuando dejas que el toro se desate como lo hiciste hoy, pones en peligro a Lucy —dije.

Rogelio asintió con su cabeza.

—Lo sé —dijo.

Preocupado por Lucy, la miré y le dije:

—Sé que estás comprometida con tu matrimonio, pero cualquier comportamiento violento por parte de Rogelio es inaceptable. ¿Entiendes esto?

—Sí, lo entiendo.

—En el futuro, si algo como esto comienza a suceder, debes alejarte de inmediato. ¿De acuerdo?

—De acuerdo —dijo.

—Y, Rogelio, aunque nadie salió lastimado hoy, al menos físicamente, tus acciones asustaron mucho a Lucy. Debes trazar una línea y no pasarte de ella. No te puedes permitir amenazarla verbal o físicamente. ¿Te comprometes a seguir recibiendo nuestra ayuda o acudir a otra persona para rendirle cuentas de tus actos y que te ayude a controlar tu enojo?

—Por supuesto —contestó.

Poco después de esta conversación, me fui a mi casa. En aquel momento, supe que Rogelio lo había comprendido, como un niño que acaba de entender un problema de matemáticas complicado. Era difícil creer que unas pocas horas antes estaba lleno de ira.

POR QUÉ HABLÉ SOBRE ROGELIO

Conté la historia de Rogelio porque nunca conocí a un hombre cuya vida cambiara tan radicalmente después de comprender el concepto de su nueva identidad en Cristo. A medida que Rogelio meditaba en los pasajes de la Biblia que describían su nuevo ser, más fácil era para él arrancar los brotes falsos que amenazaban con robarle su identidad. También aprendió a confiar en el poder de Cristo que había en él para ayudarle a controlar sus pensamientos y acciones.

Creo que usted también puede conocer este tipo de cambio que Rogelio experimentó. Si nos viéramos en mi oficina, le daría una tarea importante. Primero, le pediría que escribiera en una tarjeta las "Verdades para vivir" que aparecen a continuación y que las leyera diariamente. Segundo, le pediría que escribiera los versículos que vienen después y meditara en ellos cada día hasta que los memorizara. Y le recomendaría que los repasara a diario. Mientras medita en los versículos, pídale a Dios que le permita verse a sí mismo como un hombre nuevo y verdadero en Cristo.

Por supuesto, como lo resalté antes, conocer nuestra nueva identidad es algo muy importante para controlar el enojo, pero hay otros asuntos cruciales que debemos entender. Y en el siguiente capítulo, veremos el origen clave del enojo en la mayoría de los hombres.

VERDADES PARA VIVIR

- Por la gracia de Dios y con mucho esfuerzo, puedo comprender y controlar mi enojo.
- Soy un hombre nuevo, un hombre bueno, un hijo de Dios, un extranjero y parte de una nación santa. Esta es mi nueva identidad en Cristo.
- Cuando pierdo el control de mi enojo, permito que mi carne robe mi identidad y determine quién soy.
- He vivido por muchos años bajo el dominio de mi carne y el toro enfurecido dentro de mí, pero su dominio ha sido roto a través de Cristo.

- Cuando esté empezando a enojarme, diré esta oración: "Padre, sé que soy un hombre nuevo y bueno en Cristo. El enojo que siento tal vez no sea malo, pero sé que mi carne lo quiere usar para dominar mi vida y determinar quién soy. Gracias a ti, mi identidad no la determina el toro, sino tú".

FORTALEZCA AL HOMBRE NUEVO

Debido a su gloria y excelencia, nos ha dado grandes y preciosas promesas. Estas promesas hacen posible que ustedes participen de la naturaleza divina y escapen de la corrupción del mundo, causada por los deseos humanos. (2 PEDRO 1:4, NTV)

Con gozo dando gracias al Padre que nos hizo aptos para participar de la herencia de los santos en luz. (COLOSENSES 1:12)

Mas a todos los que le recibieron, a los que creen en su nombre, les dio potestad de ser hechos hijos de Dios. (JUAN 1:12)

Pero ustedes no son así porque son un pueblo elegido. Son sacerdotes del Rey, una nación santa, posesión exclusiva de Dios. Por eso pueden mostrar a otros la bondad de Dios, pues él los ha llamado a salir de la oscuridad y entrar en su luz maravillosa. «Antes no tenían identidad como pueblo, ahora son pueblo de Dios. Antes no recibieron misericordia, ahora han recibido la misericordia de Dios». Queridos amigos, ya que son «extranjeros y residentes temporales», les advierto que se alejen de los deseos mundanos, que luchan contra el alma. (1 PEDRO 2:9-11, NTV)

PREGUNTAS PARA EL DEBATE

1. Cuando usted está enojado, ¿se siente más como un toro enojado o como una manzana agria? ¿Por qué?
2. Cuando permite que su carne controle su enojo, ¿cómo afecta esto a la manera en que usted se ve?
3. ¿Cómo describe la Biblia su nueva identidad como seguidor de Cristo? Además de los versículos anteriores, busque 2 Corintios 5:17.
4. ¿Cómo le ayuda la ilustración del árbol de manzanas silvestres a comprender la relación entre su nueva y verdadera naturaleza y la carne, o el toro, que lleva dentro?
5. Cuando conoce su nueva identidad, ¿cómo le ayuda esto a controlar su enojo? Sea lo más específico que pueda.

Capítulo 4

EL HOMBRE QUE REHUSÓ TENER SEXO CON SU ESPOSA

El respeto

He ido únicamente a dos peleas profesionales en mi vida. Y no hubiera ido a ninguna de no haber sido invitado por uno de los luchadores.

No tenía idea de que sentarse a un lado del cuadrilátero fuera tan emocionante. Claro que conocer a uno de los luchadores me emocionaba más. El luchador se llamaba Austin. Creció en Austin, Texas. Tuvo suerte de no crecer en Waxahachie, un pequeño pueblo de Texas. Esa broma la hacía él, no yo.

La campana sonó para comenzar el primer asalto. Ya sabía qué esperar de Austin porque él me había dicho que no era quien primero atacaba en las peleas.

—Yo me hago para atrás. Dejo que el otro me persiga.

—¿Por qué?

—Porque soy un contragolpeador. Cuando me veas retroceder, no te preocupes. Todo atacante se equivoca, y cuando lo hace, *¡pum!*, lo golpeo.

Qué bueno que me dijo eso, porque el oponente de Austin fue tras él de una manera rápida y agresiva. Era un poco más bajo y se parecía a Myke Tyson, pero en una versión más pequeña. Por dos minutos, Austin retrocedió y esquivó golpe tras golpe. Y luego se acabó. Austin eludió un golpe que iba directo hacia él y lo contestó con un fuerte golpe derecho al mentón. *¡Pum!* Los ojos de su oponente se perdieron hacia la parte superior de su cabeza, y cayó con fuerza hacia atrás. Su cabeza golpeó la lona y rebotó una vez. Austin alzó sus manos en señal de victoria y sonrió triunfante.

Una semana después, me reuní con Austin y Ema, su esposa, en mi oficina. Austin era un hombre impresionante. Solo tenía veintiocho años y ya tenía una próspera compañía de construcciones de casas de alta calidad. Medía 1.80 m, pesaba 79 kg y tenía su cabello corto como el de los soldados de la marina. Su esposa también era impresionante. Una mujer alta y atractiva, tenía el cabello corto y rubio, ojos verdes con mirada de ángel, y una apariencia alegre. Ella trabajaba como encargada de compras para una cadena de tiendas de ropa.

LA FALTA DE RESPETO DESENCADENA EL ENOJO

Entraron a mi oficina sin decir una palabra ni mirarse uno al otro y se sentaron en las dos sillas de cuero. Ema se sentó erguida con sus brazos cruzados y su mandíbula cerrada. Austin, relajado y con una sonrisa burlona en su rostro, parecía disfrutar del malestar de su esposa.

Rompí el silencio.

—¿Qué está pasando?

—Ema está enojada porque ya no tenemos relaciones sexuales tan a menudo como ella quisiera.

—Oh, ¿de veras, Austin? Tú crees que te exijo mucho sexo porque quiero hacer el amor contigo más de una vez al mes —Ema habló con una dureza que no me esperaba.

—He estado ocupado, y tú lo sabes.

—Siempre estás ocupado. Pero hasta hace tres meses siempre buscabas un tiempo para tener sexo tres o cuatro veces por semana. Sé que estás enojado conmigo por algo. Solo que no sé qué es.

Austin sonrió.

—¿Por qué estaría enojado contigo?

En ese momento, supe que Ema tenía razón. Fue la sonrisa de Austin la que lo delató. La había visto una semana antes cuando ganó la pelea. Negarse a tener sexo imitaba su estilo de pelea. En vez de atacar a Ema, él retrocedía. Ninguna agresión verbal salía de él. Necesitaba descubrir qué había comenzado su enojo.

—Ema, ¿te importaría si me quedo unos minutos a solas con Austin?

Ella movió su cabeza y se giró para ver a Austin y luego a mí.

—Por supuesto. Adelante. —Tomó su bolso y salió del cuarto cerrando la puerta tras ella.

—¿Qué te hizo para que te enojaras?

—¿Qué te hace pensar que estoy enojado?

—Austin, no te andes con rodeos, ¿de acuerdo? Dime las cosas como son.

—Solo le estoy dando a probar su propia medicina.

—¿Cómo es eso?

—Me harté de que me dijera que estaba muy cansada para tener sexo o que no estaba de humor.

—¿Crees que ella te hacía eso para vengarse de ti?

—No.

—Ella dijo que hasta hace tres meses tenían sexo tres o cuatro veces por semana. ¿Eso es verdad?

—Sí, es verdad.

—Entonces, ¿cuántas veces *no* quiso ella hacer el amor?

—Bueno, no era tan a menudo, pero me hacía enojar bastante.

—¿Por qué?

—No lo sé. Creo que sentí que me faltaba al respeto a mí y a mis necesidades.

—Así que te enojaste, y en vez de hablarlo con ella decidiste ser irrespetuoso con su necesidad de tener intimidad.

—Sí, creo que eso lo resume todo.

—Austin, vamos a suponer por un momento que ella no tomó en cuenta tus necesidades. En la escala del uno al diez, ¿qué tan malo sería ese acto comparado con lo que tú has estado haciendo durante los últimos tres meses? Recuerda, ella lo hizo involuntariamente, pero tú quisiste lastimarla.

—Lo sé. Entiendo lo que me dices.

—Me intriga saber algo, Austin. ¿Cómo puedes vivir con una mujer tan bonita y no hacer el amor con ella? Recuerdo que a principios de mi matrimonio, decidí negarme a tener sexo con Cindy. Pensé que con eso la pondría en su sitio. Soporté tal vez dos días.

—Creo que me enojo más que tú cuando me faltan al respeto —dijo.

El 25% de los hombres encuestados se enoja cuando su esposa no está de humor para tener sexo.

El 19% suele expresar su enojo mediante la retención de su afecto y comunicación.

El 40% ocasionalmente expresa su enojo de esa manera.

Me llamó la atención el comentario de Austin. Parece ser que la falta de respeto había provocado un prolongado enojo que no estaba dispuesto a abandonar. Esperaba que él pudiera descubrir el porqué. Supe por previas conversaciones con Austin, que su esposa no era la única persona a la que lastimaba cuando le faltaban al respeto.

Ema volvió a reunirse con nosotros, y Austin le dijo por qué rehusaba tener sexo con ella.

Ema se sentó en silencio, pero su tranquilidad parecía tan tajante como una puñalada para Austin. Finalmente habló con voz controlada.

—Más vale que aprendas a manejar tu enojo… porque si no…

Las palabras no sonaban tan duras para el oído como aparecen a la vista al leerlas. Habló dulcemente, y sus palabras permanecieron en la habitación como una fragancia.

Pero Austin no escuchó su tono.

—Si no, ¿qué? —le dijo, con provocación.

—Si no… —ella dudó, y las lágrimas rodaron por sus mejillas—. Viviremos en tormento. Y yo… nosotros… no queremos eso.

Mientras hablamos más sobre el rechazo que Austin manifestaba a las insinuaciones de su esposa, y que estaba dañando su matrimonio, él comenzó lentamente a darse cuenta de lo equivocado de su enojo.

Dediqué un tiempo al final de la sesión para hablarles sobre la necesidad de respeto que tiene el hombre.

—Creo que es porque fuimos creados a la imagen de Dios. Así como Dios desea el respeto de los hombres, y que finalmente tendrá de todo el mundo, el hombre desea que lo respeten. En el huerto del Edén, Dios le dio al hombre el dominio de la tierra. Pero antes de la creación de Eva, fue Adán quien puso nombre a los animales.[1] Al hacer esto, demostró ser su amo. En otras palabras, desde el principio el hombre ejerció un rol de liderazgo sobre la tierra y la vida salvaje.

"Incluso ahora después de la caída, los hombres todavía llevan intrínseco el comprender y dominar la tierra. Y esa genética conlleva una necesidad igualmente intensa de obtener respeto del mundo que los rodea, el mundo que ellos esperan dominar".

—En el contexto del matrimonio, Dios ordena al hombre amar a su esposa y a la esposa *respetar* a su esposo.[2] El mandamiento de Pablo resalta la necesidad que tiene el hombre de respeto.

El 30% de los hombres encuestados dice que la falta de respeto es la principal causa de enojo para ellos.

—¿Quiere decir que la necesidad de Austin de ser respetado fue puesta por Dios? —preguntó Ema.

—Así es. El problema es que es fácil que esta necesidad dada por Dios se canalice destructivamente. Cuando eso sucede, cualquier señal de falta de respeto puede desatar un enojo inapropiado.

—¿Como cuando me enojé con Ema por rechazar mis insinuaciones?

—Exactamente.

"NADIE MÁS ES TU MADRE"

—Está bien. Entonces, ¿cómo hago para no reaccionar de mala manera? —preguntó Austin.

—Hazte esta pregunta cada vez que te enojes entre hoy y la semana que viene: "¿Realmente me están faltando al respeto? ¿O es un acto que a mi parecer es irrespetuoso?". Al final de cada día, habla con Ema sobre lo que sentiste. La próxima semana me comentas lo que descubriste.

Cuando nos reunimos la semana siguiente, Austin estaba muy sorprendido de todas las veces que se había enojado por cosas que *a su parecer* eran actos de falta de respeto. Mientras hablaba sobre las veces que se había enojado, se refirió a sus clientes y subcontratistas varias veces como "sanguijuelas".

Quise resaltar esto y le pregunté por qué los veía como sanguijuelas.

Al principio no tenía idea de por qué los llamaba así. Y entonces él mismo se sorprendió con la respuesta.

—Creo que tiene que ver con mi madre.

—Continúa —le dije.

—Ella era alcohólica... un agujero negro emocional. En vez de cuidar a sus hijos, ella quería que nosotros la cuidáramos. Cuando yo tenía dieciséis años, ella sufrió un terrible accidente automovilístico y estuvo hospitalizada durante tres meses. Casi perdió su brazo izquierdo. Cuando regresó a casa en silla de ruedas, me pedía que le hiciera masajes en los hombros y en la espalda. Decía que yo tenía manos sanadoras. Lo hice una o dos veces, pero me agotaba demasiado, como una sanguijuela que chupaba mi sangre. Si ella no quería respetarme a mí y a mis necesidades, ¿cómo esperaba que yo respetara y atendiera las suyas? Así que dejé de hacerlo. No tenía la fuerza emocional para cuidarla de esa manera. Estaba resentido con ella. También recuerdo apagar mi compasión como si apagara una lámpara.

—No hay duda de por qué te enojas —le dije—. Y no hay duda de por qué te falta compasión con las personas exigentes o irrespetuosas. Pero nadie más es tu madre, Austin. Y nadie más te hará lo mismo que ella te hizo.

Austin se sentó en silencio por un par de minutos con el rostro entre sus manos. Ema se inclinó y puso su mano sobre su hombro.

EL BANCO DE RESPETO

Cuando finalmente miró hacia arriba, dijo:

—Entiendo lo que dices, pero ¿por qué las necesidades de mi madre me siguen causando problemas?

Me incliné hacia mi derecha, levanté una foto que estaba en el piso, y se la mostré a Austin.

—Planeaba mostrarte algo hoy, y este parece ser el mejor momento —le dije.

EL BANCO DE RESPETO

Después de ver la foto, dijo:

—¿Una alcancía me hará poner las cosas en perspectiva?

—Eso espero —le dije—. Todo hombre tiene lo que yo llamo "un banco de respeto" en su corazón. Si sus padres, entrenadores, maestros, familia y amigos lo respetan y le dan palabras de aprobación, mientras crece, tal vez atraviese la niñez y la adolescencia con un superávit de respeto.

Luego le pasé una segunda foto, que mostraba una alcancía que contenía demasiadas monedas y no cabían.

EL BANCO DE RESPETO CON SUPERÁVIT

—Cuando un hombre joven entra a la edad adulta con respeto en superávit y alguien le falta al respeto, le afecta muy poco. Su valoración de sí mismo no se ve amenazada, así que es más fácil para él controlar el pequeño enojo que pueda llegar a sentir. Desdichadamente, muchos hombres crecen con un déficit de respeto. Sus padres y otras personas importantes de sus vidas los respetaron muy poco y les dieron muy pocas palabras de aprobación. Es lo que pasó contigo y tu madre, e incluso con tu padre. Recuerdo que cuando regresábamos a tu casa después de la pelea y te pregunté acerca de tu padre, dijiste que asistía a tus eventos deportivos, pero nunca llegaste a la medida competitiva que él esperaba. Tuve la impresión de que aunque lo respetabas, tú no creías que él te respetara. No trato de ofender a tus padres; solo digo que su falta de aprobación y aliento creó un déficit en tu banco de respeto.

EL DÉFICIT EN EL BANCO DE RESPETO

Austin me interrumpió.

—Y al estar vacío mi banco, cuando Ema o las personas de mi trabajo me faltan al respeto, o me parece que lo hacen, reacciono mal y me enojo. Y mi ira es un intento de obligarlos a que hagan un depósito en mi banco de respeto.[3]

—Veo que comprendiste la idea —le dije—. Pero hay un elemento importante para considerar. Cuando te enojas con las personas que te faltan al respeto y luego las llamas sanguijuelas, tal vez puede ser porque sientes hacia ellas lo que sentías con tus padres. Así que reaccionas contra ellos en un esfuerzo por remplazar, no solo el respeto que sientes que esas personas te faltaron, sino el respeto que tus padres te faltaron. No solo reaccionas con enojo por sus ofensas, sino por la falta de respeto que sentiste por parte de tu madre y tu padre por muchos años. No solo nadie más te hará lo que ellos te hicieron, sino que nadie más debe ser castigado por lo que ellos hicieron.

—Entonces, ¿lo que dices es que he tratado de obligar a Ema, y a otras personas, a compensar todo el respeto que mis padres no me dieron?

—Eso es lo que creo. Y también podría explicar por qué rehusaste tener sexo con Ema por tanto tiempo. Al entrar en tu matrimonio con un déficit en tu banco de respeto, ni sus mejores esfuerzos lograron darte el suficiente respeto para producir un superávit. Para colmo, tu enojo tuvo el efecto opuesto al que pretendías. En vez de tratarte con mayor respeto, ella se enojó y te trató con menos.

—¿Qué puede hacer él para producir un superávit en su banco de respeto? —preguntó Ema.

—Antes de responder esta pregunta, permítanme que yo les haga una —les dije—. ¿Alguno de ustedes cree que es posible tener demasiado respeto y palabras de aprobación como para decir: "Basta, ya no quiero más"?

Los dos se rieron y aseguraron que no.

—Déjenme darles una ilustración de mi matrimonio —dije—. Hago un esfuerzo todos los días para decirle a mi esposa, Cindy, lo hermosa que es para mí. Cada vez que vemos un atardecer sorprendente, una pintura o cualquier cosa que llame nuestra atención, le digo: "Es hermoso, ¿no es así?". Ella siempre está de acuerdo. Y luego le digo: "Pero no es tan hermoso como tú, y a ti te veo todos los días". Una noche le pregunté: "Cindy, ¿alguna vez te cansas de que te diga lo hermosa que eres para mí? ¿Debería dejar de decírtelo?". "¡Oh, no! —contestó—. ¡Nunca es suficiente!".

Nos reímos todos juntos, y después dije:

—Los hombres son iguales en cuanto al respeto… nunca es suficiente. El asunto es que nuestros padres, esposas, hijos, jefes y amigos son incapaces de llenar nuestro banco de respeto. Solo Dios puede hacerlo.

Luego le pregunté a él:

—¿Cómo te ganas el respeto de un oponente en el cuadrilátero?

—Con mi viveza, habilidad, resistencia, velocidad y dureza.

—¿Y cómo desarrollas todo eso?

—La única manera que conozco es con entrenamiento y disciplina.

—Cuando entrenas, ¿tratas de anticipar cómo responderás ante un oponente?

—Claro. Por eso entreno con alguien. Perfecciona mis habilidades y me hace más fuerte. Me ayuda a pensar mejor cuando estoy en una pelea de verdad.

—Dijiste que te ayuda a pensar. ¿Alguna vez te enojas cuando tu oponente te insulta o te traba con un golpe?

—Entreno para no enojarme. Si me enojo, toda mi experiencia se esfuma, porque empiezo a dar golpes sin dirección.

—Imagina que todos los días estás peleando una batalla espiritual… porque lo estás. Y cada palabra y acto irrespetuoso, o que te parece irrespetuoso, es un golpe que te propina un oponente.

"Para responder con habilidad, resistencia, velocidad y dureza, necesitas una rutina de entrenamiento. Tal rutina te ayudará a mantenerte frío cuando alguien te hable mal o te golpee con una falta de respeto. Tal rutina implica reforzar la manera en que te ves. Y se requiere que deposites en tu banco de respeto la clase de verdad que producirá un superávit".

Mientras esperaba que Austin respondiera, tomé una Biblia de la mesa redonda que estaba entre nosotros.

Después de un tiempo dijo:

—No es ninguna sorpresa que mi enojo esté fuera de control. Nunca me imaginé que estaba peleando una batalla, así que no hice nada para prepararme.

—La rutina de entrenamiento es sencilla, Austin. Pero se requiere de disciplina. Está basada en la verdad bíblica de que eres un hombre nuevo en Cristo. —Abrí la Biblia en el libro de Juan y seguí diciendo—: Tu nueva identidad se encuentra en Cristo. Y se basa en el hecho de que eres de infinito valor para Dios. Una cosa es que yo te lo diga, y otra cosa, que tú lo creas con todo tu corazón. Sin embargo, ¿cómo determinamos el valor de algo? Por el precio pagado por ello. Y el precio que Dios pagó por ti fue la vida de su Hijo. Juan 3:16 nos dice: "Porque de tal manera amó Dios al mundo, que ha dado a su Hijo unigénito, para que todo aquel que en él cree, no se pierda, mas tenga vida eterna". Tal vez este versículo ha sido leído y recitado tantas veces que ha perdido su fuerza. Pero si sustituyes la palabra *mundo* por tu nombre, te das cuenta de que Jesús te dice que Dios *te* amó lo suficiente como para mandar a su Hijo a morir para que tuvieras una relación con Él. Dios no hubiera permitido que su Hijo sufriera por ti a menos que te valorara y te respetara. Austin, ¿dudarías del amor de alguien que murió por ti?

—Nunca —respondió.

—Por supuesto que no —le dije—. Y hay otro pasaje que contiene una verdad complementaria. Una noche antes de su muerte, Jesús oró por sus discípulos presentes y futuros. En esa oración de Juan 17:23, dijo: "Que sean perfectos en unidad, para que el mundo conozca que tú me enviaste, y que los has amado a ellos como también a mí me has amado".

Le pasé la Biblia otra vez a Austin y le pedí que leyera el versículo en voz alta para que Ema y yo lo escucháramos. Después que lo leyó, le pregunté si alguna parte del versículo le había impactado.

—Jesús dijo que Dios Padre me ama tanto como Él ama a Jesús —dijo—. Nunca había escuchado algo así.

—No hay favoritos en la familia de Dios, Austin —dije—. Jesús oró esto sabiendo que sus discípulos lo abandonarían y que Pedro lo negaría. Aun así, dijo que su Padre amaba a estos hombres débiles tanto como amaba a su Hijo perfecto.

Hablamos un poco sobre este concepto, y luego le di una rutina de entrenamiento.

—Hay varias cosas que tienes que hacer —le dije a Austin—. Primero, memoriza y luego repasa Juan

3:16 y Juan 17:23 todos los días. Cada vez que leas los versículos, toma un momento para agradecer a Dios por amarte y respetarte. Agradécele porque el nuevo y verdadero Austin es un hombre de infinito valor para Él. Segundo, cuando sientas que una persona te falta al respeto a lo largo del día, piensa que estás en una pelea de entrenamiento y que es una situación en la que Dios te colocó para fortalecer tu carácter, el nuevo y verdadero Austin. De inmediato dile a Dios: "Gracias por llenar mi banco de respeto. Ayúdame a actuar como un hombre de infinito valor incluso cuando sienta todo lo contrario". Tercero, trata de determinar si las palabras y acciones que te hacen enojar son faltas de respeto reales o solo te parece a ti. En cualquier caso, no actúes conforme a tu enojo. Controla tu respuesta del mismo modo que lo harías en el cuadrilátero. Cuarto, mantén una lista actualizada sobre cómo te está yendo en cada una de estas tres disciplinas y ven a verme la próxima semana.

LA SEGUNDA PELEA

La segunda pelea profesional a la que asistí me sorprendió más que la primera. Creo que fue porque esperaba que mi amigo dejara que su oponente lo atacara. En cambio, Austin dirigió la pelea. Mientras la pelea avanzaba, pensé que Austin ganaría por la superioridad de sus habilidades y mayor conteo de sus golpes. Pero en el cuarto asalto, un fuerte golpe le abrió una herida sobre su ojo derecho, y el médico que estaba junto al cuadrilátero dio fin a la pelea.

Después le pregunté por qué había cambiado de táctica.

—No lo sé —dijo, mientras se frotaba el chichón sobre su ojo—. Creo que tiene que ver con cómo me veo a mí mismo. Pero tal vez no.

—¿Qué quieres decir? —le pregunté.

—Ya no estoy tan enojado. Y cuando estaba enojado, siempre retrocedía y contragolpeaba. Creo que enfrentar mis sentimientos de falta de respeto con tanta determinación me capacitó para no permitir que mi enojo me venciera y dictara el paso de mi vida. Y creo que eso repercutió en el cuadrilátero. Me siento mejor ahora cuando soy el que ataca.

VERDADES PARA VIVIR

- Dios me diseñó con la necesidad de recibir respeto, y eso es algo bueno.
- Mi necesidad de respeto se puede distorsionar tanto que cualquier falta de respeto real o percibida puede desatar un enojo impropio.
- Nadie más puede hacerme lo que mis padres me hicieron, y nadie más debe ser castigado por lo que ellos me hicieron.
- Si tengo un déficit en mi banco de respeto, tal vez trate de usar mi enojo para obligar a los demás a que me traten con respeto y llenen mi banco.
- Mi enojo suele promover la falta de respeto de los que me rodean.
- Sólo Dios puede llenar mi banco de respeto.
- Mi banco de respeto está lleno cuando comprendo mi nueva y verdadera identidad en Cristo.

- Cuando sienta que me faltan al respeto, no actuaré conforme a mis impulsos anteriores ni daré golpes verbales o físicos.
- Permitir a Dios que llene mi banco de respeto requiere que ponga en práctica una rutina de entrenamiento espiritual.

FORTALEZCA AL HOMBRE BUENO

Porque de tal manera amó Dios al mundo, que ha dado a su Hijo unigénito, para que todo aquel que en él cree, no se pierda, mas tenga vida eterna. (Juan 3:16)

Para que sean perfectos en unidad, para que el mundo conozca que tú me enviaste, y que los has amado a ellos como también a mí me has amado. (Juan 17:23)

PREGUNTAS PARA EL DEBATE

1. ¿Cómo se siente usted cuando alguien le falta al respeto?
2. ¿Recibió la bendición de su padre mientras crecía? Es decir, ¿le dio palabras de aprobación y aliento, que indicaban que creía en usted? Dios Padre hizo esto por su Hijo en el bautismo de Jesús cuando dijo: "Este es mi Hijo amado, en quien tengo complacencia" (Mateo 3:17). Explique por qué piensa que su padre le dio o no le dio esta bendición.
3. ¿Recibió la bendición de su madre mientras crecía? Explíquese.
4. ¿Se siente respetado en casa? Explíquese.
5. ¿Cuán lleno está su banco de respeto en una escala del uno al diez? Uno significa que está vacío, y diez significa que está lleno.

6. ¿Cómo intenta llenar su banco de respeto?
7. ¿Cómo puede Dios llenar su banco de respeto?
8. ¿Cómo pondrá en práctica la rutina de entrenamiento de este capítulo?

Capítulo 5

EL HOMBRE QUE LE GRITABA A SU HIJA

El control

Cuando Brian me preguntó si podía traer a su hija "incontrolable" para que se reuniera conmigo, esperaba una adolescente con el cabello parado en picos, tatuajes, nariz perforada, un arete llamativo en su lengua, cinco o seis aretes en sus cejas, y una actitud que dijera: *¡No te metas conmigo!* Si por su cara y su boca no parecía que le gustara el *heavy metal*, me imaginaba que al menos sería malhablada.

En vez de eso, vi a una joven de ojos marrones radiantes, cabello corto desmechado y una sonrisa recatada. Usaba unos jeans que parecían de segunda mano y una blusa negra que parecía de las mejores tiendas. Lucía como una modelo adolescente ansiosa que caminaba por las pasarelas de un desfile de moda que promocionaba pureza... se veía tan agradable y saludable como un vaso de leche descremada. Su apariencia era la de una actriz dramática obsesionada con Shakespeare.

Su padre, Brian, nos presentó, y Pía me sorprendió con un contacto visual prolongado y un saludo de manos firme. *Esto no es lo que esperaba*, pensé.

Brian me dijo que él y su esposa habían intentado *todo* para poder corregir a Pía. Se habían reunido con el consejero de la escuela. Habían visto a un psicólogo. Le habían privado de muchos privilegios. Nada había funcionado. Él dijo en broma que habían considerado atarle las piernas y los brazos con cinta adhesiva y ponerle una tira de tela en la boca, pero imaginaban que de algún modo se las arreglaría para soltarse. No me reí.

Brian dijo que el psicólogo le había hecho una serie de pruebas y había llegado a la conclusión, a diferencia del consejero de la escuela, que Pía *no* padecía trastorno por déficit de atención e hiperactividad (ADHD por sus siglas en inglés). Si bien esa noticia le había dado alivio, el pánico reemplazó su alivio cuando el psicólogo continuó diciendo que Pía era de lento aprendizaje y que tenía problemas con las matemáticas y los idiomas, lo que explicaba sus bajas notas en álgebra e inglés. El hecho de que superara todas las expectativas en creatividad no calmó el pánico de Brian.

"AYÚDEME A CORREGIR A PÍA"

De hecho, la experta opinión del psicólogo molestó a Brian. No le atribuyó los problemas de Pía con álgebra e inglés a su incapacidad para aprender, sino a su falta de esfuerzo. Pero él temía que tuviera más problemas que solo pereza. Un mes antes, había encontrado la colilla de un cigarro de marihuana en el cenicero del auto. Pía juró que uno de los muchachos con los que comparte el auto para ir a la escuela lo había dejado ahí como una broma. Y unos días antes, había revisado su página de MySpace donde se sorprendió de ver una foto picante que ella había colgado allí.

Todo esto motivó a Brian a pedirme que lo ayudara a "corregir a Pía".

Había tratado con bastantes padres para sospechar que Brian también tenía sus problemas. Y no me tomó mucho tiempo averiguarlo.

Después de presentarme a Pía, Brian se fue con la promesa de que regresaría *exactamente* en una hora.

Cuando nos sentamos, le pregunté:

—¿Cuál es el problema?

Le dio una palmada al dálmata de porcelana de tamaño natural que estaba a un lado de su silla.

—Quisiera saberlo —dijo con un suspiro.

Algo en su conducta, su forma de hablar y su manera delicada de tocar al perro hicieron que me agradara.

—¿Qué le dijo mi papá?

—Dijo que estás fuera de control. Que eres indisciplinada.

—Es verdad. Me cuesta mucho concentrarme. Pero ¿es todo lo que le dijo?

—¿Qué más me tendría que decir?

—Pues algo más sobre el hecho de cómo se enfureció cuando encontró el cigarrillo en el auto y enloqueció cuando vio la foto que había colgado en MySpace.

Normalmente, vería ese tipo de comentarios como una evasión… el intento de dirigir la conversación hacia otra persona.

Pero la emoción con la que Pía habló me indicó que tenía que seguir investigando más.

—¿Qué quisiste decir con que enfureció y enloqueció?

—Quise decir que me gritó. Me llamó mujerzuela estúpida y perezosa. Dijo que si no me componía, terminaría en la calle viviendo bajo un puente.

—¿Le grita a tu madre y a tu hermano?

—Claro que les grita, pero solo de vez en cuando. A mí parece que me grita todo el tiempo.

—¿Siempre ha hecho eso?

Pía se mordió el labio por un momento mientras pensaba y dijo:

—Sí, creo que sí.

—Siento mucho escuchar eso, Pía. ¿Te importaría si hablo con tu padre sobre cómo demuestra su enojo hacia ti?

Durante el resto de nuestra reunión, descubrí que Pía tenía un interés excepcional en la escritura y la fotografía. Igual de importante, descubrí que era extremadamente impulsiva. Aunque no soy psicólogo, hacía poco había estado consultando a un médico que es especialista en el tratamiento del trastorno del control de impulsos (ICD por sus siglas en inglés). Supuse que esta condición, y no la ADHD o una incapacidad de aprendizaje, podría explicar su falta de disciplina y la razón por la que no terminaba lo que comenzaba, así como muchas otras decisiones irracionales. Tenía solo una pregunta poco común que formularle antes de estar seguro de que su problema procedía de su impulsividad. Pero en esta primera reunión, no era conveniente hacerla.

Más urgente era mi necesidad de preguntarle a Brian por qué maltrataba repetidamente a su hija con sus arrebatos de enojo. Después de hablar con Pía, creí entender mejor por qué reaccionaba hacia ella de esta manera; mi próximo reto sería ayudarle a descubrir lo mismo.

¿REALMENTE AYUDA GRITAR?

Una semana después, me reuní con Brian. Parecía cansado cuando se sentó en la silla marrón junto a la chimenea.

—Pía y yo discutimos anoche.

—¿Qué pasó?

Brian se pasó las manos por la cabeza y dijo:

—Bill, con Pía es una tras otra. No limpia su cuarto ni el baño. Apenas está aprobando álgebra e inglés. Puso esa foto asquerosa en MySpace. Y anoche escuché por casualidad que decía algo a una amiga sobre la cocaína y una fiesta. Cuando colgó el teléfono, la acusé de consumir drogas. Pía me insistió que no. Dijo que su amiga vio que un muchacho estaba inhalando cocaína en una fiesta de la fraternidad de varones de la universidad cuando fue a visitar a su hermano. Y luego me dijo que no debería escuchar sus conversaciones a escondidas. Después de decirme eso, se fue enojada a su cuarto, cerró la puerta de un portazo y echó la llave. Le ordené que abriera la puerta. Cuando se negó, la abrí de un puntapié y entré de sopetón al cuarto. Pude ver que estaba asustada, pero no se retractó. En vez de eso, me gritó: "¡Buen trabajo con la puerta! ¿Ahora me vas a pegar?". Y luego dijo que yo estaba fuera de mí. No la toqué, pero quería sacudirla hasta que entrara en razón. En cambio, grité, con la esperanza de que entendiera lo que le quería decir. Le dije que yo sabía cómo limpiar lo que ensucio y terminar lo que empiezo. Le dije que yo no doy excusas absurdas cuando fallo. Y luego le dije que era una imbécil perezosa, que todo el tiempo tomaba malas decisiones, que nunca cumplía sus promesas y que era totalmente irrespetuosa. Supe que esas últimas palabras sí la hirieron. Comenzó a llorar y me dijo que saliera del cuarto. Y salí. No hemos hablado desde entonces.

Brian se me quedó mirando por unos momentos, en silencio. Y luego dijo:

—Ahora sí que lo eché a perder, ¿verdad?

El 32% de los hombres encuestados dijo que de vez en cuando expresa su enojo con maltrato verbal.

Asentí con la cabeza.

—Esas fueron palabras muy duras, Brian. Tengo curiosidad; ¿crees que dieron resultado?

La pregunta paralizó a Brian.

—¿Qué quieres decir?

—¿Acaso gritar e insultar a Pía la fortaleció? ¿La motivó a limpiar su cuarto, estudiar más, poner una nueva foto en MySpace y elegir nuevos amigos?

—No, nada de lo que he hecho ha dado resultado. ¿A dónde quieres llegar?

—Brian, ¿maltratas verbalmente a otras personas que te decepcionan?

—De vez en cuando, me enojo con mi esposa o con mi hijo. Y soy conocido como alguien que grita a los compañeros de trabajo. Pero nadie me irrita tanto como Pía.

—¿Por qué?

—Ella no se va a corregir, no importa cuánto apoyo o dirección le dé.

—¿Sientes que te falta al respeto?

—Sin ninguna duda.

LA ILUSIÓN DEL CONTROL

—¿No crees que tal vez tu enojo sea un intento para obligarla a que actúe conforme a tus deseos?

—Sin duda. Si ella hiciera lo que le digo, no necesitaría gritarle.

—¿Has considerado la posibilidad de que ella, y los demás, no tengan por qué someterse a tus deseos?

—Pero ella es mi hija.

—Es verdad. Pero tiene dieciséis años. Las técnicas para la crianza de los hijos que daban resultado hace algunos años ya no son efectivas en el presente. Necesitas empezar a tratarla como si fuera un adulto. Además, ella es muy diferente a ti. Es creativa, artística e impulsiva. Tú eres una persona con objetivos específicos, eres organizado y tenaz.

—Yo también soy artístico —dijo—. Por eso fundé mi agencia de anuncios publicitarios.

—¿Así que tienen eso en común?

—Sí, y ella es el alma de la fiesta, como yo.

—Debes ver mucho potencial en ella.

—Así es. Por eso es muy difícil para mí ver su falta de dirección y esfuerzo. Me veo en ella y quiero que desarrolle todo su potencial.

—Pero ella es ella, y tú eres tú —dije—. Y nunca la podrás conformar a tus expectativas, no importa cuánto te enojes ni cuánto grites.

—No lo puedo evitar —dijo—. Cuando le digo

que haga algo y dice que lo hará, pero no lo termina, me enojo.

—¿Cómo responde a tu enojo?

—Se cierra y se niega a hablarme. O se va a su cuarto y cierra la puerta. Eso me pone furioso.

—Brian, no puedes controlar a otra persona y obligarla a que se conforme a tus demandas y expectativas. Pero sí puedes controlar tu enojo. Y si esperas cultivar una relación saludable con Pía y darle el apoyo que necesita, tendrás que controlarlo. Trajiste a Pía para que te ayudara a corregirla. Creo que debes concentrarte en controlar tu enojo. Pía tiene problemas serios. Pero tus arrebatos de enojo la hieren profundamente y complican sus problemas. Después de lo que sucedió anoche, ¿no piensas lo mismo?

—Nunca he podido controlar mi temperamento. Pero no me enojo tan a menudo. Es solo que Pía me hace enojar más que cualquier otra persona. Cuando me enojo con ella, a veces digo cosas malas, cosas que sé que le hacen daño. Cosas de las que luego me arrepiento.

Le pasé una Biblia a Brian e hice que buscara Lucas 15:11-32, la historia del hijo pródigo, el joven que exigió la herencia de su padre, se la llevó y la desperdició con una vida desenfrenada en una tierra lejana. En un estado de desesperación, el hijo recapacitó y regresó con su padre, el cual lo perdonó y lo restituyó a una posición de honor.

—¿Trató el padre de controlar a su hijo? —le pregunté.

—No.

—¿Dirías que respetó la autonomía de su hijo?

—Sí.

—Brian, pese a que su hijo era un adulto, y Pía es una adolescente, hay algunos principios clave que debes considerar. El padre no gritó ni insultó a su hijo por preferir el dinero más que a su padre. No lo maltrató verbalmente en un esfuerzo de cambiar su parecer. No lo siguió hasta aquella tierra lejana. Respetó su libertad. Puesto que el padre en esta historia representa a Dios, nos enseña que Él respeta la libertad que sus hijos tienen de actuar por sí mismos. Dios no nos impone su voluntad a nosotros, y nosotros no debemos imponer nuestra voluntad a otros. Considera cómo Jesús lidió con Pedro. Él sabía que Pedro lo negaría tres veces, pero no trató de controlar el comportamiento de Pedro con comentarios degradantes o llenos de enojo. En cambio, le garantizó que en el futuro sería útil para el reino de Dios.

"Está bien dar consejos y dirección, pero no podemos hacer que otro adulto, o casi adulto, se conforme a nuestra voluntad. Y aunque las decisiones de una persona conllevan consecuencias y recompensas, la persona es libre de tomar sus propias decisiones".

—Eso no es cierto. Yo *puedo* hacer que Pía me obedezca.

—Tal vez puedas encerrar a Pía en su cuarto, pero no podrás impedir que se escape a la noche. Tal vez la puedas sentar frente a su escritorio, pero no podrás hacer que estudie. Puedes obligarla a ir a la iglesia, pero no puedes hacer que ame a Dios. Y cuando te enojas y le gritas, tal vez ella haga lo que le pidas, pero *toda esa docilidad no es más que una ilusión de control.*

RECONOZCA LA LIBERTAD DE LAS PERSONAS

—Si Dios no *nos* obliga a cumplir *sus* deseos —le dije a Brian—, ¿por qué deberíamos *nosotros* obligar a otros a cumplir los *nuestros*? Cuando usas tu enojo para obligar a Pía a que se conforme a ti, ¿crees que quizás estás tratando de ser más que Dios? Es lo que los fariseos intentaron hacer con Jesús. Y es lo que hicieron con el pueblo judío. Aquellos legalistas añadieron mandamientos hechos por hombres al código moral de Dios y exigieron obediencia absoluta. Ellos aceptaban, o no, a una persona dependiendo de cuán perfectamente cumplía con sus reglas. Y cuando Jesús rehusó ceder a sus demandas, lo mataron. Hasta que te des cuenta de que Dios no te dio el poder para obligar a Pía, o a cualquier persona, a cumplir con tus deseos o demandas, se te hará muy difícil controlar tu enojo.

—¿Así que sugieres que no le diga nada a ella acerca de su comportamiento?

—No, yo no estoy diciendo eso. Jesús nos ha llamado a un alto código moral, el mismo que Él vivió. Pero no nos obliga a someternos a ese código. Lo que te sugiero es que sigas su ejemplo y hables respetuosamente con tu hija acerca de tus deseos y pensamientos. Como su padre, necesitas ayudar a Pía a pensar detenidamente en las consecuencias positivas y negativas de sus decisiones. Y debes asegurarte de complementar con recompensas y castigos. Al mismo tiempo, no debes protegerla de cualquier consecuencia negativa que una decisión pueda traerle. Pero en medio de todo eso, debes respetar su libertad de tomar sus propias decisiones. Y es lo mismo con tu esposa, tus hijos, empleados y amigos. Cuando los demás te decepcionan por no cumplir con tus deseos, debes respetar esa decisión en vez de enojarte y maltratarlos verbalmente para poder controlarlos.

—Pero ¿qué pasa si Pía no cambia? Va a destruir su vida. No le puedo confiar tanta libertad.

—Brian, no lo has entendido —respondí gentilmente—. Ella es libre de hacer lo que quiera, lo admitas o no. A veces tenemos que confiar en Dios y su obra en la vida de otras personas. Sé por la conversación que tuve con Pía que ella cree en Cristo. Eso significa que Cristo vive en ella.

"¿Crees que puedes confiar en que Dios obrará en su vida y la cambiará por dentro? ¿No podría ser que al usar tu enojo para acabar con su resistencia demuestres falta de fe en Dios?".

Brian se movía en su silla.

—Creo que nunca lo pensé de ese modo —me dijo—. En el pasado, cuando trataba de controlar mi enojo, me iba bien por un tiempo. Y luego Pía, u otra persona, hacía algo tonto que me hacía enojar, y le gritaba.

EL PLAN DE ACCIÓN

Al terminar nuestra reunión, le dije a Brian:

—No se trata de controlar tu enojo diciéndote a ti mismo que no te vas a enojar. Debes tener una perspectiva positiva y precisa acerca de ti y de los demás. Tengo un plan para ti que te ayudará en esta semana.

Le pasé una tarjeta y un bolígrafo, y le pedí que escribiera en la tarjeta: "Las personas son libres de decidir. Puedo aconsejar, pero no puedo controlar sus decisiones". Y al otro lado de la tarjeta, Proverbios 19:11: "La cordura del hombre detiene su furor, y su honra es pasar por alto la ofensa".

—Quiero que lleves esa tarjeta contigo toda la semana y que la leas cinco o seis veces al día. La palabra *cordura* de Proverbios 19:11 significa "decidir responsablemente". El nuevo hombre en ti es capaz de decidir responsablemente cómo aconsejar y cómo respetar la libertad que otras personas tienen de aceptar o rechazar tu consejo. La segunda parte de tu plan de acción tiene que ver con Pía. ¿No crees que le debes una disculpa?

—Sí, supongo que sí.

—Cuando te disculpes, quiero que le expliques lo que has aprendido acerca de tu enojo y de qué forma lo has usado para controlarla. Hazle saber que le estás pidiendo a Dios la sabiduría que necesitas para controlar tu enojo, para que cuando te enojes, expreses tus pensamientos de una manera que reconozca su libertad.

—Espera un momento, Bill —dijo—. ¿No pensará ella que le estoy dando permiso para que haga lo que quiera?

—No, si le explicas que ella tiene responsabilidades. Ella es libre de decidir cosas que tendrán sus consecuencias. Eso no va a cambiar. Lo que será diferente es que tú ya no intentarás usar el enojo para obligarla a cumplir tus deseos. Puedes ser firme y amable sin insultarla ni menospreciarla. Puedes ser directo *y* benévolo. Dado que eres un hombre nuevo y bueno, el verdadero tú está libre del poder destructivo del enojo dominante. Según vayas meditando en las verdades que has escrito en la tarjeta, creo que el Espíritu de Dios te ayudará a ver que no puedes controlar a las personas con tu enojo. Y empezarás a permitir que el nuevo y verdadero tú en Cristo controle tu enojo.

Una semana después, me volví a reunir con Pía. Me dijo que las cosas iban mucho mejor con su papá y que parecía tener un mejor control sobre su enojo. Una pregunta me había estado persiguiendo desde la reunión de la semana pasada, la pregunta que revelaría si su impulsividad era el origen de gran parte de su comportamiento. Yo sabía que su respuesta podría provocar otro arrebato de enojo de su padre.

PIENSE CUANDO ESTÁ ENOJADO

—Pía, quisiera hacerte una pregunta. Es una pregunta difícil. ¿De acuerdo?

Ella dudó y bajó la vista.

—De acuerdo, adelante —dijo.

—¿Eres una ladrona?

Pía levantó la vista y luego me apartó su mirada.

—No quieres hacerlo, pero robar te da una descarga de adrenalina —dije—. Después, te sientes culpable.

Pía no dijo nada durante, al menos, un minuto. Yo tampoco. Finalmente, confesó:

—Robo cosas que ni siquiera necesito. ¿Cómo lo supo?

—No estaba seguro. Pero durante nuestra reunión de la semana pasada, pensé que podrías sufrir algo denominado trastorno del control de los impulsos (ICD por sus siglas en inglés). Muchos consejeros confunden el ICD con el ADHD porque los dos tienen características similares. Las muchachas que sufren de ICD suelen robar. No solo calma su ansiedad, sino que les hace sentir bien. Creo que las decisiones no tan sabias que has tomado han sido impulsivas. Y creo que tienes problemas con álgebra e inglés porque debes poner mucha concentración sobre materias que te aburren. La buena noticia es que puedes hacerle frente a este problema.

En ese momento, Pía no estaba preocupada por eso. Tenía una preocupación más importante.

—¿Le contará usted a mi papá que he estado robando?

—¿Crees que necesite saberlo?

—Se va a poner furioso.

—Con el tiempo te van a atrapar, y él lo sabrá por la policía. ¿Es lo que quieres?

—Lo dejaré de hacer.

—¿Te has dicho eso antes?

—Claro que sí… muchas veces. Pero ¿por qué necesita saberlo?

—Para que te ayude a vencerlo.

—Tengo miedo de lo que hará cuando se entere.

Finalmente, con lágrimas rodando por sus mejillas, dijo:

—Está bien. Yo se lo diré, si usted está conmigo.

Llamé a Brian para que viniera del otro cuarto donde esperaba a Pía. Se sentó en la silla que estaba junto a la de ella.

—Papi, tengo que decirte algo. Es muy difícil porque sé que te vas a enojar.

Brian tomó la mano derecha de Pía y la puso sobre la suya.

—Está bien.

Pía contuvo sus lágrimas mientras le contaba a Brian lo que había hecho. Sabía que su confesión reforzaba la idea de Brian de que era una irresponsable. Él se puso colorado, y antes que pudiera decir algo, le pedí a Pía que saliera de mi oficina por unos minutos.

En cuanto se cerró la puerta, Brian dijo:

—Por esta razón no se le puede confiar tanta libertad. No solo es una irresponsable, sino también una ladrona. Me pregunto qué más ha estado haciendo que yo no sepa. ¿Cómo hubiera quedado yo si la hubieran atrapado?

El 29% de los hombres encuestados, siempre o a menudo, se enoja cuando alguien parece incompetente, egoísta, desordenado o desconsiderado.

—Está bien que te enojes, Brian. Ella ha hecho algo necio e ilegal. Te ha herido. Pero ¿cuál es la mejor manera de comunicar tu enojo en este momento? Si la atacas con furiosos insultos, ¿crees que la ayudará a vencer eso? Cuando Jesús se enojó con los fariseos, las Escrituras dicen que también sintió compasión por ellos.[1] Brian, ¿qué crees que está experimentando Pía ahora?

Brian se detuvo, caminó hacia la ventana y miró el Monte Hood en la distancia. Se dio la vuelta y meneó la cabeza.

—No estoy acostumbrado a esto —dijo—. Cuando me enojo con Pía, generalmente le digo de todo.

Sacó una tarjeta del bolsillo de su camisa, la que tenía el plan para controlar su enojo. Leyó un lado, luego le dio la vuelta y leyó el otro lado.

—No estoy seguro de lo que ella está atravesando. Nunca se ha abierto conmigo.

Dichosamente, eso pronto cambiaría. Llamé a Pía para que entrara, y cuando se dio cuenta de que Brian no iba a estallar con palabras de enojo, se relajó y habló con franqueza. Cuanto más la escuchaba, más comprendía sus problemas. Cuando nuestra reunión terminó, esperaba que fuera el comienzo de un nuevo capítulo en su relación.

LA VERDADERA FUENTE DEL RESPETO HACIA UNO MISMO

Unos días después, Brian y yo nos reunimos. Cuando me contó cómo iban las cosas entre él y Pía, mencioné algo que él había dicho en la reunión anterior.

—Me preguntaste cómo hubieras quedado tú si hubieran atrapado a Pía robando.

—Hubieran sido malas noticias —dijo.

—¿Por qué?

—Porque hubiera parecido un padre incompetente y un cristiano débil.

—¿Pensar eso te hace enojar más?

—Claro. No me agrada la idea de que mi hija sea la causa de que los demás me falten al respeto.

—Me parece lógico. Los hombres quieren ser respetados, y es normal que te enojes con alguien, en especial un miembro de la familia, si piensas que ha dañado tu reputación. Pero si la hubieran atrapado y te hubieras enojado, ¿sería justificable que por tu nombre dañado trataras a Pía con desprecio?

—Supongo que no —dijo.

—Al final, si sientes que el valor de tu persona y el respeto por ti mismo provienen de lo que otros piensan de ti, vas por muy mal camino. En algún momento u otro de tu vida, tú o alguien que amas hará algo que te hará quedar mal. Por eso es importante que tu identidad se base en quién eres en Cristo. El hombre nuevo y bueno que tú eres en Él no puede ser manchado por lo que los demás piensen de ti.

Brian meditó en lo que le había dicho.

—Entiendo lo que dices. Pero cuando me enojo, no estoy pensando en mi identidad espiritual o en lo que la persona con la que estoy enojado podría estar sintiendo. —Esa es una declaración sincera —dije—. Pero puedes entrenarte para pensar en esas cosas, incluso cuando estés enojado. Por eso Salomón dijo que "la cordura del hombre detiene su furor". Tu nuevo ser no está controlado por la carne ni por sus pasiones. El hombre bueno en ti se alimenta y fortalece cuando busca obedecer a Dios y piensa cuando está enojado para poder expresar ese enojo de forma saludable.

La historia de Brian y Pía ilustra en gran manera cómo los hombres controladores y coléricos pueden infligir dolor profundo en aquellos que aman. Y la conté porque el gran esfuerzo de Brian y el afán de Pía por agradarlo dieron como resultado un final feliz. Con el tiempo, Brian aprendió a demostrar su enojo de una manera no exigente y a reconocer la libertad de Pía. En los años que siguieron, ella lo hizo sentir muy orgulloso.

Pía aprendió a ser franca con su papá mediante la ayuda de un especialista en el trastorno del control de los impulsos. Cuando Brian comprendió su pasión por el arte, la sacó de la escuela pública que tanto odiaba y la inscribió en una escuela de arte. Nunca volvió a tomar un curso de matemáticas ni de idiomas y llegó a estudiar en el Instituto de Arte de California. Su habitación siguió siendo un desastre, pero ya no volvió a robar. Y puesto que Brian mantuvo su promesa de respetar la libertad de su hija, jamás la volvió a maltratar verbalmente, ni siquiera cuando estaba furioso con ella.

VERDADES PARA VIVIR

- No puedo controlar a otra persona, pero sí puedo controlar mi enojo.
- Debo respetar la libertad de las personas.
- A veces, el enojo es un intento de obligar a los demás a conformarse a mis propios deseos.
- Dios no impone su voluntad en los demás; tampoco yo debería hacerlo.
- Debo confiar en Dios y su obrar en la vida de las personas.
- Puedo aconsejar, pero no puedo controlar lo que hacen las personas con mis consejos.
- La cordura me hará menos propenso a enojarme.

FORTALEZCA AL HOMBRE BUENO

La cordura del hombre detiene su furor, y su honra es pasar por alto la ofensa. (Proverbios 19:11)

El que tarda en airarse es grande de entendimiento; mas el que es impaciente de espíritu enaltece la necedad. (Proverbios 14:29)

PREGUNTAS PARA EL DEBATE

1. ¿Cómo responde usted cuando alguien no quiere cumplir sus deseos? Tal vez su hijo no quiera hacer sus deberes, su esposa no quiera tener sexo, un compañero de trabajo no siga sus instrucciones o alguien haga un mal trabajo que le hace quedar mal a usted.
2. ¿Cómo le expresa su enojo a esa persona?
3. ¿Cómo responde generalmente él o ella ante su enojo?
4. ¿Cómo se sentiría si alguien se enojara y le gritara?
5. ¿Cómo usa el enojo para obligar a las personas a cumplir sus deseos?
6. ¿Cómo le ayudaría a controlar su enojo si comprendiera que las personas son libres y no tienen la obligación de hacer lo que usted desea?
7. ¿Cómo le ayudarán los principios de este capítulo a expresar su enojo de una manera firme pero respetuosa?
8. ¿Cómo le ayudará al hombre bueno que hay en usted meditar en Proverbios 19:11 para expresar su enojo como Jesús lo haría?

Capítulo 6

EL HOMBRE QUE QUERÍA SER COMO DIOS

El orgullo

Santiago entró en mi oficina con la prepotencia de cualquier jefe de la mafia. Era un exitoso vendedor farmacéutico conocido por su ingenio y su perfecta memoria. Antes de sentarse en la silla de cuero marrón al lado de las ventanas, sacó unas hilachas de su bolsillo derecho, les dio forma de bolita, caminó hacia la chimenea, abrió las puertas de vidrio y la arrojó a las llamas. Luego tomó el cubo de Rubik que estaba en la mesita del café y comenzó a girarlo sin mirarlo. Mientras jugaba con el cubo, zapateaba el piso con sus pies al ritmo de una tonada que tenía en su cabeza. Al no ver ninguna intención de cerrar las puertas de la chimenea, fui y las cerré yo mismo.

Mientras miraba su demostración de energía cinética, espetó:

—Tengo problemas con mi esposa, Cristina. Me acusó de ser un adicto al sexo.

—¿Y por qué te diría eso?

—Porque entré a una página pornográfica en la Internet.

—¿Entras con frecuencia?

—No, yo no miro pornografía —dijo, mientras lanzaba el cubo hacia la mesa y observaba pasivamente mientras rebotaba y caía al suelo—. Entré a ese sitio porque escribí mal la dirección de una página. Pensé que era gracioso, y por eso se lo comenté.

Finalmente se sentó en la silla de cuero.

—¿Por qué pensaste que era gracioso?

—Porque solo me equivoqué en una letra, así que en vez de terminar en un sitio de música, terminé en un sitio pornográfico. Las dos palabras eran idénticas, excepto por una letra. Como sea, Cristina enloqueció. Compró un libro sobre las adicciones sexuales y se convenció de que yo era un adicto sexual. Comenzó a revisar el historial en el navegador de la Internet de mi computadora cuando yo no estaba. Revisó los recibos del cable de televisión para ver si había ordenado alguna película pornográfica. Todo eso me molestó mucho, pero cuando se lo dijo a nuestro pastor, eso sí me enfureció. Es que... soy un líder de la iglesia.

—¿No pensaste que se pudo haber sentido impotente?

—¿Impotente? ¿Qué tal paranoica? ¿O dominante? ¿O loca? Como sea, no esperé a que nuestro pastor me hablara. Lo llamé y le hice saber que tengo mi apetito sexual bajo control. Le dije que Cristina estaba loca y que si lo volvía a llamar con un asunto así, me lo hiciera saber.

—¿Cristina y tú hablaron de esto?

—Nunca hablamos de nada. El mes pasado creyó que yo era un adicto al sexo. Este mes está convencida de que soy un misógino, ya sabes, un hombre que odia a las mujeres.

—¿Por qué piensa eso?

—Leyó un libro sobre el matrimonio con un capítulo que trataba sobre los misóginos. El autor ofrecía una lista para ayudar a las lectoras a determinar si sus esposos odiaban a las mujeres. Dado que es una psicóloga *amateur* brillante y demás, me diagnóstico como un misógino. Yo ni siquiera sabía lo que significaba esa palabra, pero ahora soy uno de ellos.

—¿Odias a las mujeres?

—En absoluto —dijo Santiago. Justo en ese momento, vibró su celular. Lo sacó de su bolsillo y lo abrió. Cuando vio de quién era la llamada, hizo un gesto de desagrado, cerró el teléfono y lo metió de nuevo al bolsillo—. De hecho, cuando les digo a algunas mujeres en la oficina lo que me dijo Cristina, se ríen. Puede hablar con ellas si quiere. Yo me llevo muy bien con las mujeres —añadió—. Bueno, excepto con Cristina.

—¿Cómo te sentiste cuando ella hizo esas acusaciones?

—Sé que ella es inestable —dijo, zapateando otra vez el piso—, así que trato de razonar con ella. Me siento y tranquilamente le explico la razón de sus conclusiones erróneas.

—¿Y cómo responde?

—Se enoja y me acusa de no escucharla. Le aseguro que la estoy escuchando y se lo pruebo repitiéndole todo lo que me ha dicho. El hecho es que yo recuerdo mejor los detalles de su parloteo que ella.

—¿Han ido a ver a un consejero?

—Hemos visto a tres.

—¿Fueron de ayuda?

—Pudieron haberlo sido. Mientras el consejero hablaba sobre *mis* problemas, Cristina estaba contenta. Pero una vez que el consejero le hablaba a ella, comenzaba a llorar o dejaba de hablar. Se enojaba y se negaba a regresar.

—¿Por qué viniste a verme?

—Para que nos ayude. Creo que Cristina confía en usted.

—¿De veras? ¿Aunque nunca nos hemos visto?

—Le he contado algunos consejos que usted me ha dado. Piensa que usted ya me conoce lo suficiente.

Como Santiago y Cristina ya habían visto a tres consejeros, me di cuenta de que él tenía más probabilidades de ganar la lotería que de obtener alguna ayuda de mi parte. Pero luego me di cuenta de que la pareja se podría beneficiar más con varias sesiones de consejería intensiva que con muchas sesiones semanales.

—Santiago, los veré a ti y a Cristina, pero solo si están de acuerdo en tener cuatro sesiones de tres horas cada una la próxima semana.

Santiago me sorprendió por su predisposición a ajustar su horario y poder vernos pronto. El siguiente lunes a la mañana, los tres nos reunimos en mi oficina. A pesar de su mal matrimonio, Cristina se veía animada; tenía alegría en su hablar y vitalidad en su caminar. Y Santiago parecía más bien un barco a vapor que avanzaba con dificultad por entre las aguas agitadas. Su cabeza posada sobre un pequeño cuello parecía tan trabada como una cabina de navegación.

EL HOMBRE QUE NUNCA SE EQUIVOCABA

Habíamos estado juntos solo por un momento, cuando comenzaron a discutir sobre quién fue el responsable de que el auto de Santiago no tuviera gasolina.

—Tú lo manejaste por última vez, así que es culpa *tuya* que el tanque esté vacío esta mañana —dijo Santiago con un tono de voz tan calmado y frío como una brisa ártica.

—Yo no conduje tu auto ayer, fuiste tú —replicó Cristina notablemente frustrada.

—Lo traje a casa y te dije que el tanque estaba casi vacío. Luego lo llevaste a la tienda y no le pusiste gasolina —dijo Santiago.

—Llevé *mi* auto —dijo Cristina—. ¿Por qué usaría tu auto cuando ya me habías dicho que casi no tenía gasolina?

Santiago movió su cabeza de lado a lado. Su voz permanecía calmada, pero disparó sus palabras como balas por entre una mandíbula trabada.

—Revisé el odómetro esta mañana. *Alguien* condujo mi auto después que lo traje a casa. No tienes necesidad de mentir.

—No estoy mintiendo —dijo Cristina levantando la voz—. ¿Has considerado que tal vez lo condujera alguno de los muchachos? Además, no tiene importancia. Lo llené esta mañana.

—Claro que no significa nada para ti. Por eso no lo llenaste ayer como lo prometiste. Pero a mí sí me importa, porque no me gusta llevar la camioneta al trabajo. Es chatarra. Tú lo sabes…

—Yo no conduje tu auto y no prometí llenar el tanque tampoco —agregó Cristina con su semblante enardecido y un tono de voz incluso más fuerte.

—No me interrumpas —dijo Santiago con voz suave—. Hablemos de esto cordialmente. Déjame terminar, por favor, y luego yo te dejaré hablar.

—Tú no me estás dejando hablar, y cuando lo

hago, no me escuchas —dijo ella echándole sus palabras a la cara.

—No tienes por qué enojarte —dijo Santiago—. Escuché cada palabra que dijiste. Solo hago notar que no dices la verdad y que tú tienes la culpa de que el tanque de gasolina no estuviera lleno esta mañana.

Mientras escuchaba la discusión, me di cuenta de algo importante. Santiago mantenía una voz calmada, pero sus palabras parecían dardos envenenados que sacaban chispas en el aire. Al impactar herían, contaminaban y mataban.

El 17% de los hombres encuestados generalmente expresa su enojo debatiendo para demostrar que tiene la razón.

Pedí una pausa y le pregunté a Santiago si no creía que sus palabras habían sido un poco duras.

—Para nada —dijo—. Estoy bajo control. Cristina es la que está enojada.

—Cristina, ¿te lastimó cuando te llamó mentirosa? —pregunté.

—Por supuesto, pero él habla así todo el tiempo.

—Lamento haberte lastimado, solo estoy diciendo la verdad —dijo Santiago.

Miré a Santiago por un momento. En verdad él no se daba cuenta de la profundidad de su enojo hacia Cristina. Y tampoco se daba cuenta de lo despechado que se había vuelto su enojo.

—No estoy seguro de que realmente lo lamentes —dije—. Tu tono está bajo control, pero tus palabras y tu comportamiento son hostiles.

En el transcurso de los dos días siguientes, vi cómo Cristina y Santiago discutían por un celular extraviado, su vida sexual y su manera de gastar el dinero. Santiago siempre le porfiaba a Cristina con los detalles que demostraban que él tenía razón sobre cada asunto. Él hablaba de hechos, pero Cristina hablaba de sentimientos. A veces él parecía un robot que hablaba con un ser humano. Y como un robot omnisciente, él no podía equivocarse con la información.

CARA A CARA CON EL ORGULLO

Detrás de la lógica de Santiago y sus intentos por demostrar que tenía razón, detecté un espíritu de orgullo. No el orgullo saludable que un padre siente cuando su hijo logra un *touchdown* o cuando su hija mete un gol, sino el tipo de orgullo que alimenta la arrogancia y la autoexaltación... la clase de orgullo que alimenta la carne, que a su vez produce enojo.

Santiago no tenía idea de que quería ser como Dios, pero la perspectiva de sí mismo era como si fuera Dios. Creo que el proceso de pasar de ser un simple mortal a la divinidad ocurrió tan lenta y fácilmente que él nunca se percató.

Cuando Santiago le hablaba *a* Cristina, el orgullo salía por sus poros. Se agitaba en su lengua. Emanaba de sus ojos. Y se notaba que tenía un problema más difícil de extirpar que un tumor arraigado en la arteria carótida. Un problema que es más difícil porque el hombre debe admitirlo primero para poder solucionarlo. Sabía que había muy poca posibilidad de convencer a Santiago de que sufría de un caso severo de arrogancia.

Como el mal aliento, es fácil detectar el orgullo en otros, pero casi imposible detectarlo en nosotros mismos.

Y luego se me ocurrió una idea que colocaría a Santiago cara a cara con su orgullo.

Al día siguiente, cuando Santiago y Cristina llegaron, les señalé la videograbadora que quería usar en nuestra sesión.

Santiago parecía confundido.

—¿Por qué?

—Para que cada uno vea qué imagen proyecta al otro. Una vez que hayan visto la grabación y hayamos hablado al respecto, la voy a borrar. ¿Están de acuerdo?

Los dos estuvieron de acuerdo, y a Cristina incluso pareció gustarle la idea. Después de repasar lo que hablamos los días previos, saqué el tema de la discusión del tanque de gasolina vacío. Como nunca se resolvió, supuse que la discusión comenzaría al mismo nivel de intensidad que había terminado hacía dos días. No estaba equivocado. La arrogancia de Santiago de inmediato se manifestó, y acusó a Cristina reiteradas veces de mentir y romper su promesa. En vez de intervenir, me senté y dejé que el carácter robótico de Santiago le porfiara a Cristina. Después de diez minutos, interrumpí su discusión y les dije que tomaríamos cinco minutos de descanso para luego ver la grabación.

Mientras mirábamos el altercado, le pedí a Dios que abriera los ojos de Santiago para que se diera cuenta de que discutía con autoridad como si fuera Dios. No estaba seguro de lo que él estaba pensando porque se sentó en silencio frente al monitor. Y luego, de repente, me dijo que apagara la grabación; que ya había visto suficiente.

—¡Vaya! —dijo Santiago—. No tenía idea.

—¿Qué has podido ver? —le pregunté.

—Vi a un hombre duro y enojado que hablaba de manera áspera. Vi mi orgullo y arrogancia. Ni siquiera sabía que tenía un problema con el enojo. Cristina es la que grita, así que pensé que *ella* era la persona enojadiza en nuestro matrimonio.

—Me enojo porque nunca me escuchas —dijo Cristina.

Antes que Santiago pudiera contestar, le aseguré a Cristina que trabajaríamos en la capacidad de Santiago para escuchar, pero primero necesitábamos tratar con el problema que le impedía a Santiago escuchar.

—Creo que el orgullo te ha cegado, Santiago.

"El orgullo es un alucinógeno que hace que el hombre piense que es Dios, la autoridad final en todos los temas… el que no necesita disculparse porque nunca se equivoca. Y como nunca se equivoca, no necesita escuchar a los demás".

—Tener la razón todo el tiempo es una carga terrible de llevar —dijo Santiago en tono sarcástico.

—Pero yo llevo la carga todo el tiempo —dijo Cristina—. No tú.

ORGULLO Y NARCICISMO

Por supuesto que el orgullo es una parte inherente de nuestra carne. Desde el momento en que nacemos hasta los tres o cuatro años, cada uno de nosotros literalmente piensa que es el centro del universo. Vivimos para una sola cosa, tener satisfechos nuestros deseos y necesidades. Queremos que nos atiendan, casi como si fuéramos dioses. Al crecer, comenzamos a darnos cuenta de que somos mortales y somos solo una parte diminuta de un gran mundo. A la larga, superamos este egoísmo natural y descubrimos que las necesidades de otras personas son tan importantes para ellas como las nuestras para nosotros.

Un porcentaje muy pequeño de las personas nunca supera la percepción de que son divinos y que sus necesidades son las únicas que importan. Tales personas tienen un tipo de orgullo distorsionado, llamado trastorno de personalidad narcisista (NPD, por sus siglas en inglés). Más a menudo, como en el caso de Santiago, sufren de un narcisismo incitado por el orgullo. Para un hombre narcisista, es difícil admitir que está equivocado. Actúa con la autoridad de un dios y humilla a los demás usando la culpa y la vergüenza.

—Santiago, ¿has notado cuán a menudo usas la culpa y la vergüenza cuando discutes con Cristina? —le pregunté.

—¿Lo he hecho? —preguntó.

Asentí.

—Ahora que he visto la grabación —dijo Santiago—, creo que concuerdo con usted. —Se detuvo por un momento—. Pero ¿no es lo mismo la culpa y la vergüenza?

—No, no lo son —dije—. La culpa es sentirte mal por algo que has hecho. La vergüenza es sentirte mal por quién eres. Trataste de hacer que Cristina se sintiera culpable cuando dijiste que era su culpa que el auto no tuviera gasolina. La avergonzaste cuando le dijiste que era una mentirosa. Los hombres orgullosos y egocéntricos se creen superiores y encuentran placer en hacer que los demás se sientan culpables y avergonzados.

—Básicamente es así como Santiago me trata —dijo Cristina con prepotencia.

—Está bien —afirmó Santiago, evidentemente molesto por su comentario—. Ya te entendí, Cristina. ¿Te podrías calmar? Además, tú también tienes tus propios problemas con el enojo. Al menos yo no te lanzo nada para golpearte.

—¿Y cuándo fue la última vez que hice eso? —preguntó Cristina en tono desafiante.

Hice un gesto con las manos para pedir una pausa.

—En algún momento, ustedes dos deben acordar una tregua —dije—. Tal vez este sea un buen momento. ¿De acuerdo? Los dos están obsesionados con humillar al otro. ¿No dirían que eso demuestra orgullo y egocentrismo?

—Diría que eso es verdad de Cristina —dijo Santiago en tono de broma.

—Definitivamente cierto de Santiago —respondió Cristina incisivamente.

EL ORIGEN DEL ORGULLO

Como hemos visto, el orgullo es un problema que todos tenemos. Y es muy importante comprenderlo, pues está enraizado en nuestra carne, nuestro hombre viejo. Cuando era dominado por el orgullo, Santiago ya no estaba pensando ni viviendo conforme a su nueva y verdadera identidad en Cristo. En cambio, era víctima de la carne y de su enojo egoísta y destructivo. Para vencer su orgullo, él debía entender su origen.

Con esto en mente, les mostré dos pasajes que hablan de la caída inducida por el orgullo de Satanás. Primero, leí Isaías 14:12-14 en voz alta:

> *¡Cómo caíste del cielo, oh Lucero, hijo de la mañana! Cortado fuiste por tierra, tú que debilitabas a las naciones.*
>
> *Tú que decías en tu corazón: "Subiré al cielo; en lo alto, junto a las estrellas de Dios, levantaré mi trono, y en el monte del testimonio me sentaré, a los lados del norte; sobre las alturas de las nubes subiré, y seré semejante al Altísimo".*

Luego, vimos Ezequiel 28:17:

> *Se enalteció tu corazón a causa de tu hermosura, corrompiste tu sabiduría a causa de tu esplendor; yo te arrojaré por tierra; delante de los reyes te pondré para que miren en ti.*

—Puesto que el orgullo inflamó el corazón de Satanás y lo indujo a buscar el trono de Dios —dije—, no me sorprende que tentara a Eva con la promesa de que ella, también, podría ser como Dios. Satanás la engañó y le hizo creer que si comía del fruto prohibido, sus ojos se abrirían y sería como Dios, al conocer el bien y el mal. Cuando Satanás le habló a Eva, Adán se paró junto a ella y no corrigió la mentira.[1] Con un mordisco, él también pecó, y con el pecado vino el orgullo. Esta misma naturaleza pecaminosa pasó a todos sus descendientes. No pasó mucho tiempo hasta que el orgullo se convirtió en un enojo asesino. Caín, el primogénito de Adán y Eva, se enojó y mató a su hermano después que Dios rechazó su ofrenda del fruto de la tierra y aceptó la ofrenda de animales de Abel.[2] Dios le dijo a Caín que debía dominar el pecado que estaba al acecho frente a su puerta. Lamentablemente, él no obedeció. Pero nosotros sí podemos".

—Voy a ser sincero, Bill, nunca había pensado si era o no era arrogante —dijo Santiago—. Lidiar con el orgullo parece tan fácil como intentar capturar el aire. Sabes que está ahí, pero no lo puedes ver.

—Esa es una buena analogía —dije.

"Deshacerse del orgullo es como quitar el aire de un vaso. La manera más fácil sería llenar el vaso con agua. Para eliminar el orgullo, debemos remplazarlo por humildad".

CÓMO CULTIVAR LA HUMILDAD

—Nunca he conocido a un hombre que dijera que el ámbito de más crecimiento en su vida haya sido el de la humildad —declaré—. ¿Quién diría: "Yo antes era orgulloso, pero ahora soy humilde"?

Santiago y Cristina se rieron. Parecían estar más relajados.

—Muchos hombres piensan que alguien humilde es aquel que se deja pisotear por los demás. Eso no es verdad —dije—. Un hombre humilde es aquel que tiene una visión correcta de sí mismo. Reconoce sus propias debilidades y su necesidad de la gracia de Dios.

Saqué una tarjeta en la cual había escrito varios versículos para que Santiago comenzara a meditar en ellos:

> *Jehová exalta a los humildes, y humilla a los impíos hasta la tierra.* (Salmos 147:6)

> *Ciertamente él escarnecerá a los escarnecedores, y a los humildes dará gracia.* (Proverbios 3:34)

> *Bienaventurados los pobres en espíritu, porque de ellos es el reino de los cielos.* (Mateo 5:3)

Antes de leer el último versículo en voz alta, señalé que incluso Jesús, el Señor del universo, se definió a sí mismo como un humilde:

> *Soy manso y humilde de corazón.* (Mateo 11:29)

Fortalecer al hombre nuevo

—Dado que yo también he luchado con la arrogancia —le dije a Santiago—, he pensado mucho acerca de cómo desarrollar la humildad. Decidí que tenemos dos opciones. Una es no hacer nada y esperar a que Dios nos humille. Las Escrituras dicen que Él destruye la casa del hombre orgulloso.[3] Ese versículo me recuerda la historia del pájaro carpintero que estaba picoteando un árbol cuando un rayo golpeó el árbol y lo partió por la mitad. El pájaro salió volando, miró sobre su hombro, y le dijo a un amigo: "Mira lo que hice". Tan pronto como salieron las palabras de su pico, un rayo lo alcanzó desde el cielo. Cada vez que me siento impresionado por mí mismo, me da miedo, porque sé que si yo no controlo mi actitud, Dios lo hará. No con un rayo del cielo, sino con una dosis de realidad que desinfle mi ego.

—¿Y cuál es la segunda manera de lidiar con el orgullo? —preguntó Santiago.

—La segunda manera, y menos dolorosa, requiere de dos pasos que fortalezcan al hombre nuevo. El primer paso implica considerar cómo pensamos y hablamos. Salomón fue muy claro en cuanto a esto —dije, mientras buscaba Proverbios 27:2 en mi Biblia—. "Alábete el extraño, y no tu propia boca; el ajeno, y no los labios tuyos". El punto importante aquí es que nuestras palabras revelen nuestros pensamientos. Un hombre que se alaba a sí mismo, pone sus pensamientos al descubierto. Jesús dijo: "Porque de la abundancia del corazón habla la boca".[4] El individuo que continuamente se enaltece a sí mismo (o se humilla a sí mismo por esa misma razón) es alguien arrogante y centrado en sí mismo".

—¿Cómo una persona que se humilla a sí misma demuestra que es arrogante? —preguntó Santiago.

—Un hombre humilde se ve a sí mismo como realmente es ante Dios y ante los demás. Aunque haya hecho algo malo o haya fallado gravemente, él reconoce su valor. Pero, si en cambio, afirma que es peor que todos los demás, en realidad se está poniendo por encima de Dios, porque dice: "Yo puedo determinar mi propio valor mejor que Dios. Dios dice que tengo valor, pero él está equivocado". Ese tipo de orgullo también da alas al enojo. Por supuesto que el hombre que constantemente presume o trata de recibir elogios revela otro lado del orgullo. Tiene un apetito insaciable de alabanza, de él mismo y de los demás. Así que el primer paso para cultivar la humildad es escuchar tus propias palabras. Hazte esta pregunta: "¿Me estoy enalteciendo o me estoy humillando? ¿Busco los halagos de los demás?".

Les dije a Santiago y a Cristina que el secreto para pensar correctamente se encuentra en Salmos 1:1-2, donde David dice:

> *Bienaventurado el varón que no anduvo en consejo de malos, ni estuvo en camino de pecadores, ni en silla de escarnecedores se ha sentado. Sino que en la ley de Jehová está su delicia, y en su ley medita de día y de noche.*

—Cuanto más meditamos en la Palabra de Dios —dije—, más nos vemos a nosotros como realmente somos. Tal pensamiento produce humildad y alimenta al nuevo hombre que hay en nosotros. Santiago, es así como empezamos a desarrollar la piedad y la humildad, y controlamos nuestro enojo.

Obedecer a Dios: Poner a los demás en primer lugar

—Esa parece ser una orden muy difícil —replicó Santiago.

—Lo es —dije—. De hecho, es imposible sin la ayuda de Dios. El apóstol Pablo ilustra cuán difícil es al describir la humildad desinteresada que Jesús demostró cuando estuvo en la tierra. ¿Por qué no vamos al libro de Filipenses por un minuto?

Busqué la carta de Pablo y después de encontrar el pasaje que tenía en mente, dije:

—Aquí está. Filipenses 2:3-8 (NTV). Escuchen lo que Pablo dice:

> *No sean egoístas; no traten de impresionar a nadie. Sean humildes, es decir, considerando a los demás como mejores que ustedes. No se ocupen sólo de sus propios intereses, sino también procuren interesarse en los demás. Tengan la misma actitud que tuvo Cristo Jesús. Aunque era Dios, no consideró que el ser igual a Dios fuera algo a lo cual aferrarse. En cambio, renunció a sus privilegios divinos; adoptó la humilde posición de un esclavo y nació como un ser humano. Cuando apareció en forma de hombre, se humilló a sí mismo en obediencia a Dios y murió en una cruz como morían los criminales.*

—¿Notan cómo Pablo rogó a los filipenses que demostraran humildad y consideraran los intereses de los demás antes que los suyos, así como Jesús lo hizo? Lo que encuentro fascinante en este pasaje es que Jesús se humilló a sí mismo al obedecer a su Padre... aunque tal obediencia produjo como resultado su sufrimiento en una cruz. En vez de servir al orgullo que reside en nuestro viejo hombre, la carne, debemos obedecer a Dios y servir a los demás. Esto significa que cada vez que me enoje, debo hacerme esta pregunta: *¿Qué quiere Dios que yo haga? ¿Cómo puedo usar mi enojo para servir a otros?*

Enojarse lentamente; resarcirse rápidamente

Santiago habló.

—Todo esto es muy interesante —dijo—, pero ¿cómo sé lo que Dios quiere que haga con mi enojo?

—Buena pregunta —dije—. Puedo pensar en dos directivas clave que debemos obedecer. La Biblia nos dice que seamos tardos para enojarnos. Y Pablo nos aconseja que tratemos con nuestro enojo rápido para que no demos lugar al diablo y que nos haga pecar.[5]

—Es cuestión de enojarse lentamente y resarcirse rápidamente —recalcó Santiago.

—Correcto —dije—. A diferencia de Dios, no siempre podemos discernir si el mal que observamos es realmente malo o solo parece malo. Por eso necesitamos ser tardos para enojarnos. Será muy difícil para ti hacer esto, Santiago, porque tú tiendes a creer que siempre tienes la razón y que tu enojo siempre está justificado. Tu orgullo alimenta ese error de pensamiento.

El 43% de los hombres encuestados no tiene ningún plan que los ayude a procesar y demostrar su enojo de una manera saludable.

—¿Entonces cómo lo corrijo?

—Debes aprender a ser tardo para enojarte y pensar claramente cuando estés comenzando a enojarte. Por lo general, el enojo se desata cuando un hombre siente que le faltan al respeto. Su enojo lo motiva a defenderse a sí mismo y aclarar las cosas. Es muy importante en ese momento que él se aproveche de su nueva y verdadera identidad en Cristo. No debe permitir que su orgullo intensifique su enojo. Cuando esto te pase, debes hacer un alto y permitir que el verdadero Santiago, el nuevo Santiago en Cristo, piense: *¿Está mi enojo justificado? ¿Cómo puedo usar mi enojo para ayudar a otros?* Si no puedes procesar tu enojo tan rápido, no digas nada y aléjate de la situación. Y en vez de recordar las cosas malas que te hicieron, que alimentará tu orgullo y tu carne, medita en la situación desde el punto de vista de la otra persona. Solo entonces, después de haber procesado tu enojo, debes hablar con la persona que te hizo enojar. Recuerda, si hablas cuando estás enojado, la mayoría de las veces te arrepentirás de lo que digas".

UN "AJUSTE DE TUERCAS" AL ENOJO

La ventaja de tener cuatro días de consejería intensiva es que permite al individuo o a la pareja obtener perspectivas que cambien su vida y poner en práctica rápidamente un plan de acción eficaz. La grabación provocó un cambio tan drástico en la manera de pensar de Santiago, que pidió una copia para estudiarla posteriormente. Después de las cuatro sesiones iniciales, Santiago y yo nos reunimos cada semana durante unos meses para conversar sobre su progreso. A medida que se concentraba en cultivar su humildad, escuchaba mejor, exigía menos y controlaba su enojo con más eficacia.

También me reuní con Cristina por varios meses para ayudarla a que aprendiera a apoyar a Santiago, sin tratar de vigilar o controlar su comportamiento. También conversamos sobre cuál sería la mejor manera de responder cuando detectara que Santiago estaba demostrando su enojo de una manera dañina (contaré su historia en el capítulo 9).

Dos años después de nuestras sesiones, Santiago me llamó repentinamente.

—Bill, soy yo. Quisiera que tú y Cindy nos acompañaran a Cristina y a mí para un tratamiento intensivo de tres días.

Confundido, le pregunté qué tenía en mente.

—Quisiera que fuéramos a un viaje para bucear. Podríamos bucear por las mañanas y hablar por las tardes. Lo hablé con Cristina, y dice que es una gran manera de justificar unas vacaciones. ¿Qué piensas?

—Santiago, solo puedo ser tu consejero/maestro o tu amigo, no puedo ser ambos. ¿Cuál quieres que sea?

—¿Qué te parece esto? —preguntó Santiago—. Cuando vayamos a bucear serás mi amigo, y durante la consejería, tú y Cindy nos pueden instruir, como amigos.

No tuve que pensar mucho sobre su oferta.

—Creo que es buen momento para otra consejería intensiva. Pero será mejor si es en un lugar cálido—bromeé.

Así que, ese verano, los cuatro hicimos un viaje a Cozumel. Y sorprendentemente, Santiago y Cristina no tuvieron ninguna discusión, al menos no ninguna que fuera alimentada por un enojo incontrolado. Ahora Santiago discutía como un hombre… no como un hombre que quería ser Dios.[6]

VERDADES PARA VIVIR

- El orgullo alimenta la carne, la cual, a su vez, alimenta el enojo.

- Un hombre arrogante cree tener siempre la razón.
- Un hombre narcisista se preocupa por sí mismo y carece de empatía.
- Los hombres arrogantes actúan con la presunta autoridad de Dios y humillan a los demás con culpa y vergüenza.
- Un hombre humilde procesa y demuestra su enojo de una manera piadosa.
- Un hombre humilde tiene una perspectiva correcta de sí mismo al meditar en la Palabra de Dios.
- Un hombre humilde considera a los demás más importantes que él mismo.
- Cultivo la humildad con el control de mis pensamientos y mis palabras.
- Cultivo la humildad con mi obediencia a Dios.

FORTALEZCA AL HOMBRE BUENO

No sean egoístas; no traten de impresionar a nadie. Sean humildes, es decir, considerando a los demás como mejores que ustedes. No se ocupen sólo de sus propios intereses, sino también procuren interesarse en los demás. (Filipenses 2:3-4, NTV)

Jehová exalta a los humildes, y humilla a los impíos hasta la tierra. (Salmos 147:6)

PREGUNTAS PARA EL DEBATE

1. ¿En qué ocasiones ha sentido un orgullo saludable por usted o por otra persona?
2. ¿Qué caracteriza a un hombre arrogante y orgulloso? ¿De qué manera actúa como si creyera que es Dios?

3. ¿De qué manera el orgullo alimenta la carne? ¿De qué manera el orgullo alimenta el enojo?
4. ¿De qué manera el orgullo impide al hombre procesar su enojo de una forma saludable?
5. ¿Por qué cultivar la humildad es la mejor manera de vencer el orgullo?
6. Lea Filipenses 2:1-11. ¿Cómo demostró Jesús su humildad? ¿Cómo puede usted seguir su ejemplo?
7. ¿Cómo puede ser tardo para enojarse y rápido para resarcirse?
8. ¿Cuáles son las dos cosas que hará esta semana para cultivar la humildad y así poder controlar y expresar su enojo de una manera saludable?

Capítulo 7

EL HOMBRE QUE ENTERRÓ VIVA A SU ESPOSA

El perdón

La idea de enterrar viva a su esposa atraía a Esteban, no como primera opción, sino como una final... una que esperaba le permitiera romper con el pasado y dar un paso hacia el futuro. Cuando descubra cómo Esteban logró esto, se dará cuenta de que las cosas no son lo que aparentan inicialmente y que las palabras no siempre significan lo que parecen decir.

En cierto sentido, por esta razón Esteban vino a verme la primera vez. Después de meses de agotadores viajes de negocios, por fin se estaba relajando con su familia en unas muy necesitadas vacaciones, cuando todo salió mal. O, peor aún, descubrió que hacía tiempo que todo había estado mal y que él no tenía ni la menor idea.

Cuando nos conocimos, yo lideraba una iglesia en Houston. Mi oficina tenía una preciosa vista a un hospital, un parque de estacionamiento y algunas jaulas de bateo comerciales. Lo que le faltaba era una linda vista, pero se compensaba con paneles de madera en las paredes, un escritorio de caoba donde yo estudiaba y una sala de estar con un sofá *beige* y un sillón a juego.

Esteban había venido a verme por recomendación de un amigo suyo. Cuando entró en mi oficina, se veía muy preocupado. Después de darnos la mano y sentarnos, le pregunté si todo estaba bien.

—No, no está todo bien —dijo.

—¿Qué te sucede? —pregunté.

Esteban se aclaró la garganta y se frotó la barbilla con los dedos de su mano izquierda. Luego se inclinó hacia mí y comenzó a hablar:

—Mi esposa Heidi, nuestro hijo Blas, de ocho años de edad, y yo, estábamos en un hotel en Colorado. Ya sabes, uno de esos lugares estilo rancho donde se puede pescar, andar en bicicleta, montar a caballo y relajarse. Nos encantó la ubicación, porque podíamos descansar del calor y la humedad de Houston. El alojamiento se encontraba en medio de un valle recubierto de hierba y estaba rodeado de picos de montañas imponentes. Como apenas iniciaba el verano, todavía podíamos ver la nieve sobre las elevaciones más altas. Nuestra cabaña estaba en un lugar apartado, en medio de una expansión de pinos ponderosa. Había un pequeño arroyo al lado y la combinación de la fragancia de los árboles con el sonido de la corriente creaba un entorno idílico. Una mañana, Heidi fue a dar un paseo en bicicleta con Blas, y yo me quedé en la cabaña. Me serví una taza de café y busqué un libro que había traído para leer en el viaje. Lo vi sobre la mesa al lado de la cama. Cuando me acerqué para agarrarlo, me percaté de algo más: el diario de Heidi. No estoy seguro de por qué lo tomé. Nunca antes había echado ni un vistazo a su diario. Hacerlo siempre me había parecido una invasión a la intimidad. Pensaba que todos necesitábamos privacidad, incluso en el matrimonio. Al mirar atrás, creo que fue Dios quien me impulsó a abrirlo. Lo abrí al azar, en ninguna página en particular. No había leído más de un par de frases, cuando se me revolvió el estómago y sentí un dolor en el pecho. Literalmente, corrí al baño, me incliné sobre el sanitario y vomité.

LA GRAN MENTIRA

—Regresé al diario y leí página tras página tras página. Aturdido, caminé hacia el lado de la casa, monté una bicicleta y fui en busca de Heidi y de Blas. Los encontré sentados en un banco junto a un estanque. Me acerqué a Heidi, la miré a los ojos y le dije: "He leído tu diario. Sé lo que has hecho". Luego pedaleé de vuelta a la cabaña.

—¿Y qué te contestó ella? —pregunté.

—Fue extraño. Ella solo asintió con la cabeza. No parecía sorprendida ni enojada. Creo que parecía resignada.

—¿Ella te siguió de vuelta a la cabaña?

—No. No regresó hasta después de un par de horas. Fue después del mediodía, y había dejado a Blas en el establo de caballos para que pudiéramos dar un paseo a solas por la tarde. No esperé a que ella dijera nada. En cambio, le pregunté si lo que había escrito era solo una fantasía. Supongo que no quería creer lo que había leído. No quería que fuera verdad. Quería una explicación con la que yo pudiera vivir…

una que no doliera. Quería pensar que ella había estado tratando de escribir una novela romántica.

—Debió haber sido un momento terrible —le dije—. Me refiero a cuando le hiciste esa pregunta.

"Me sentía como si estuviera de pie dentro de una burbuja suspendida en el tiempo. Escuchaba cómo el reloj que estaba sobre la repisa de la chimenea tocaba lentamente segundo a segundo. A través de las ventanas abiertas, escuchaba el viento que soplaba entre los pinos".

—Y luego, Heidi habló, y la burbuja estalló: "Me gustaría que fuera una fantasía —dijo ella—. Pero no lo es. Es verdad. Lo siento".

—¿Te enojaste al escuchar eso? —le pregunté.

—En ese momento, solo sentí dolor. Pero el dolor pronto se convertiría en enojo. Y no estoy enojado solo con Heidi.

—Seguramente, estás enojado con el otro hombre también —le dije.

—Por supuesto que estoy enojado con él. Pero también está la amiga de Heidi. Ella lo sabía, pero nunca dijo nada. Y los dos consejeros con los que se reunía, que tampoco me dijeron nada; incluido uno al que habíamos estado viendo juntos. Ella se lo contó incluso a uno de los pastores de nuestra iglesia, el cual tampoco me dijo nada. Sentí que todos ellos me habían defraudado.

—¿Estás enojado contigo mismo?

—Sí. Hace un año empecé a tener sospechas de que algo estaba pasando. Heidi comenzó a hacer ejercicio y ponerse en forma. Se veía muy bien. Mi instinto me decía que algo andaba mal. Le pregunté en tono de broma si estaba teniendo una aventura. Ella me aseguró que yo era el único hombre de su vida.

—¿Cómo vas a manejar tu enojo? —le pregunté.

Esteban me miró durante varios segundos.

—No tengo idea. Pero sí sé algo: el enojo puede destruir mi vida y destruir toda esperanza de reconstruir mi matrimonio.

—Esa es una gran confesión —le dije —. ¿Serás capaz de dar algunos pasos difíciles para poder procesar tu enojo?

—Eso espero.

—Debes reunirte con cada una de las personas con las que estás enojado.

—Ya he hablado con uno de ellos —dijo—. El otro hombre me llamó. Quería que yo supiera que él no es un monstruo. Dijo que lo lamentaba.

—¿Y tú cómo respondiste?

—Le dije que lo perdonaba. Y lo hice.

—¿Qué dijo él?

—Me suplicó que le gritara. Que le dijera lo canalla que pensaba que era. Le dije que no podía hacerlo, porque ya lo había perdonado. En realidad, yo no lo culpo. No estoy casado con él, sino con Heidi.

—Necesitas hablar con las demás personas —le dije, mientras tomaba una Biblia. Leí en voz alta las palabras de Jesús en Mateo 18:15:

"Por tanto, si tu hermano peca contra ti, ve y repréndele estando tú y él solos; si te oyere, has ganado a tu hermano".

APRENDA A PERDONAR

La semana siguiente, Esteban y yo nos reunimos de nuevo. Me dijo que había hablado con su pastor, la amiga de Heidi y el consejero con el que se habían estado reuniendo Heidi y él. El pastor dijo que le había dado una fecha límite a Heidi para que se lo dijera a Esteban. También dijo que le había indicado a Heidi que si no lo hacía antes del plazo, él mismo se lo contaría a Esteban. En cuanto a la amiga, no se disculpó y dijo que tenía que guardar el secreto de Heidi. Insistió también en que estaba ayudando a Heidi a resolver la situación.

El consejero le explicó a Esteban que estaba obligado por ley a mantener la confidencialidad de todos sus clientes. Esteban rechazó esa explicación y le preguntó al consejero cómo pudo tener la conciencia tranquila al tomar su dinero y nunca decirle la verdad ni convencer a Heidi de que le dijera la verdad a él.

—Muy bien, entonces te has reunido con cada uno de ellos —le dije—. ¿Te fue de ayuda?

—Creo que me ayudó un poco. Aún pienso que no fueron sinceros conmigo acerca de Heidi. Me siento mejor después de escuchar su punto de vista, pero me hubiera gustado que me dijeran la verdad.

El 46% de los hombres encuestados identificó la falta de sinceridad como la principal causa de su enojo.

—¿Crees que el consejero debió haber violado la confidencialidad de Heidi?

—No. Pero creo que debió haberle dicho que me lo contara, o en su defecto, dejar de atendernos a ambos.

—¿Lo vas a perdonar?

—Yo lo perdono, sí. Pero sigo pensando que es un imbécil, y jamás lo voy a recomendar. Quisiera poder recibir un reembolso.

—¿Cómo van las cosas con Heidi?

—A veces me vienen a la mente imágenes tóxicas de ella con el otro. Le he rogado a Dios que aleje esos pensamientos. La otra noche, después que Heidi y Blas habían ido a la cama, me senté frente al televisor para tratar de relajarme. Pero después de ver que en un programa cómico se hacían bromas sobre las esposas que engañan a sus maridos distraídos, perdí la cabeza. Me quité el anillo de bodas, me dirigí al garaje y aplasté el anillo con un martillo. Luego lo coloqué en la repisa del baño junto al lavabo de Heidi con una nota que decía: "Esto es lo que pienso de nuestros votos matrimoniales".

—Ese es un mensaje fuerte.

—Es lo que siento —dijo Esteban.

—¿Qué te dijo ella cuando vio la nota y el anillo?

—Dijo que no me culpaba. A la mañana siguiente, mientras estaba en la ducha, saqué toda la ropa de su armario y la arrojé sobre la cama. Estaba metiéndola en bolsas de basura de plástico negro cuando volvió a entrar en la habitación.

Me preguntó qué estaba haciendo. Le dije que la odiaba y que la quería fuera de la casa. Ella se negó a irse… dijo que yo estaba herido y que lo entendía.

—¿Qué le dijiste?

—No dije nada. Sólo me fui. Me subí al auto y conduje hasta el gimnasio. Cuando regresé, ella había puesto su ropa de nuevo en el armario. Le dije que si no pensaba irse de forma permanente, quería que se fuera durante ese día y se llevara a Blas con ella.

—¿Por qué le dijiste eso?

—No estoy seguro.

—¿Qué sentiste mientras aplastabas el anillo de bodas, y después, cuando tirabas la ropa de ella en las bolsas y le dijiste que se fuera de la casa?

Esteban hizo una pausa durante unos segundos mientras reflexionaba sobre cómo responder.

—Me sentí poderoso. El enojo es una emoción muy fuerte, y cuando me dejo llevar por él, me siento bien. Puedo usarlo para destruir cosas, como mi anillo, o lastimar a las personas, como a Heidi. Me da una sensación de control.

—Entonces, ¿le dijiste que se fuera durante ese día para ejercer control sobre ella? ¿O para evitar hacerle daño?

—Supongo que por ambas razones. Quería controlarla, pero también quería dar rienda suelta a mi enojo sin tener que preocuparme por decir algo de lo que me pudiera arrepentir. No quería hacerles daño ni a ella ni a Blas. Y quería un tiempo a solas con Dios.

—¿Y ella se fue?

—Sí, ella y Blas se fueron. Estuve el resto del día solo y pasé mucho tiempo pensando y orando. Sobre todo pensaba en cómo ella terminó en un lugar tan oscuro.

—¿Llegaste a alguna conclusión que te ayudara a comprenderla?

—Hablamos sobre eso cuando ella regresó —dijo Esteban—. Creo que es bastante simple, realmente. Ella tuvo experiencias dolorosas durante su infancia. Pero no estoy seguro de cómo saber sobre su pasado me puede ayudar a perdonarla. Creo que sería una buena idea que los dos nos reuniéramos contigo.

CULTIVE LA COMPASIÓN

He aprendido con los años que nada alimenta más el enojo como la falta de voluntad para perdonar la ofensa sufrida... especialmente cuando ese mal consiste en traición y humillación. Esteban sufrió ambas cosas, y era comprensiblemente difícil para él perdonar a su esposa para procesar y manejar su enojo de manera eficaz. La sugerencia de que los tres nos reuniéramos fue crucial, porque para poder perdonar, él necesitaba entender por qué su mujer había terminado en los brazos de otro hombre. Aunque no hay explicación alguna que justifique semejante traición, por lo menos ayudaría a Esteban en su camino hacia el perdón y le ayudaría a cultivar compasión en lugar de amargura.

El 23% de los hombres encuestados dijo que nunca o rara vez sintieron compasión hacia alguien con quien estaban enojados.

El 51% dijo que algunas veces lo hace.

El 24% dijo que lo hace a menudo.

Cuando nos reunimos una semana después, Heidi fue directamente al grano.

—No tengo ninguna excusa —dijo—. Pero creo que entiendo cómo sucedió. Para empezar, me resulta difícil confiar en los hombres. Cuando era niña, mi padre nos abandonó a mi mamá y a mí. Unos años más tarde, mi madre se casó con un hombre maravilloso que me trataba como una princesa. Jugaba conmigo. Me compraba regalos. Me ayudaba con mi tarea escolar. Y luego, cuando yo tenía doce años, murió en un accidente automovilístico. Los dos hombres más importantes de mi vida desaparecieron y nunca regresaron. Cuando Esteban y yo nos enamoramos y nos casamos, siempre tuve miedo de que él también me dejara. Por eso, yo coqueteaba con otros hombres. No quería otra relación, solo sentía la urgencia de asegurarme de que si alguna vez Esteban llegara a abandonarme, yo iba a poder encontrar a otro hombre. Cuando nos mudamos de Nashville a Houston, yo no tenía ningún sistema de apoyo. Mis amigas se habían quedado en Tennessee, y Esteban trabajaba todo el tiempo. Empezamos a asistir a una iglesia cercana, pero como Esteban viajaba la mayoría de los fines de semana, generalmente asistía sola. Un domingo conocí a Bruno, un divorciado. Coqueteé con él, y él me correspondió. La semana siguiente, después de dejar a Blas en el culto de niños, vi a Bruno en el vestíbulo. Me pidió que fuera a desayunar con él en vez de entrar a la iglesia. En ese momento, supe que debía rechazarlo, pero en lugar de hacer eso, cometí el peor error de mi vida.

—¿Fue una aventura continua? —pregunté.

—No. Fue esporádica. Cuando Esteban leyó mi diario, todo había terminado. Bruno y yo no nos veíamos hacía ya tres meses.

—¿Por qué no me lo dijiste? —le preguntó Esteban.

Heidi miró a Esteban, mientras sus ojos se llenaban de lágrimas.

—Tenía miedo de que me dejaras. Me odiaba a mí misma y pensaba que tú también me odiabas.

Esteban escuchaba en silencio.

—¿Sientes odio hacia ella? —le pregunté.

Él negó moviendo la cabeza de lado a lado y miró a Heidi.

—Yo te perdono —dijo—. Pero todavía me duele y sigo enojado.

ELIJA PERDONAR

—¿Qué quieres decir cuando dices que la perdonas? —le pregunté.

—Quiero decir que no le guardo rencor por lo que hizo. Me duele y todavía estoy enojado, pero creo que con la ayuda de Dios puedo amarla. Ha sido de ayuda que ella no se haya puesto a la defensiva. Y que cuando estallé, ella lo asimiló en vez de tomar represalias.

El 57% de los hombres encuestados dijo que si su esposa tuviera un romance, la perdonaría y trataría de trabajar para resolverlo juntos.

El 32% dijo que no sabía qué haría en esa situación.

El 7% dijo que pondría fin al matrimonio.

Esteban le dijo algo a Heidi que me sorprendió.

—Te respeto más ahora que antes.

Heidi movió la cabeza con incredulidad.

—¿Cómo es posible?

—Porque aunque hiciste algo tan terriblemente incorrecto, te responsabilizaste de tu error y estás haciendo todo lo necesario para ayudarme a superar esto.

Esteban se giró hacia mí y me preguntó:

—Pero ¿cómo puedo superarlo? ¿Cómo puedo ir

más allá de las terribles imágenes en mi mente? Me siento bien cuando las repaso y después pienso en la manera de vengarme de Heidi. Me gusta alimentar la amargura, porque la amargura alimenta mi enojo, que a su vez parece darme el poder necesario para vengarme.

DOS MANERAS DE NUTRIR EL NUEVO HOMBRE QUE HAY EN USTED

Yo sabía que no había solución rápida para la herida emocional de Esteban. Y sabía también que cualquier consejo que le diera podría sonar como si le estuviera ofreciendo una aspirina a una persona con un tumor cerebral.

—Esteban, eres un hombre nuevo y un hombre bueno en Cristo. Pero la carne, el viejo hombre que hay en ti, se nutre de imágenes y pensamientos malos y despreciables. La buena noticia es que no tienes que permitir que el viejo hombre controle tus pensamientos. Debes decidir enfocar tu energía mental en pensamientos positivos y saludables.

Primero: Elija pensamientos positivos

Me acerqué a mi biblioteca y saqué tres Biblias. Le di una a Esteban, una a Heidi y me quedé con una para mí. Les pedí que abrieran sus Biblias en Filipenses 4:8 (NTV), donde Pablo dice:

> **"Y ahora, amados hermanos, una cosa más para terminar. Concéntrense en todo lo que es verdadero, todo lo honorable, todo lo justo, todo lo puro, todo lo bello y**

todo lo admirable. Piensen en cosas excelentes y dignas de alabanza".

Después de leer este pasaje, les dije:

—Una vez me encontré con un hombre para hablar de una terrible injusticia que había sufrido por parte de un socio de su empresa. Quería saber cómo podía él perdonar semejante acto de traición. Le dije que tenía que hacer dos cosas. Se rió y dijo que el perdón no podía ser así de simple. Le dije que era una receta sencilla, pero no fácil de llevar a cabo.

—¿Qué le dijiste? —me preguntó Esteban.

—Le dije que cada vez que pensara en su amigo, pensara en algo positivo de él y diera gracias a Dios por esa característica o una buena obra del pasado. Cuando anteriormente mencioné que tu carne se alimenta de las imágenes malas y despreciables, lo que quise decir es que, en el caso del empresario, cada vez que pensaba que lo habían tratado injustamente, nutría su viejo yo y fortalecía su naturaleza pecaminosa. Rápidamente su carne, llena de amargura y odio, controlaba sus pensamientos y emociones. Se había convertido en un esclavo del pecado y no veía la salida hacia la libertad. Por eso, con el fin de poder perdonar al hombre que le había hecho tanto mal, el empresario tuvo que sustituir las imágenes despreciables por imágenes positivas.

Segundo: Ore positivamente

—La segunda cosa que tenía que hacer era orar por el socio de su empresa. Y le dije claramente que no podía orar para que Dios lo partiera con un rayo, sino que debía pedirle a Dios que hiciera cosas buenas en su vida.

Luego le pedí a Esteban y a Heidi que leyeran conmigo Mateo 5:44-45 (NTV), donde Jesús dice: "Pero yo digo: ¡ama a tus enemigos! ¡Ora por los que te persiguen! De esa manera, estarás actuando como verdadero hijo de tu Padre que está en el cielo. Pues él da la luz de su sol tanto a los malos como a los buenos y envía la lluvia sobre los justos y los injustos por igual".

Les dije a Esteban y a Heidi:

—El consejo que le di a ese hombre estaba basado en este mandato de Jesús, que nos dice que oremos por los que nos hacen mal. Le dije que como un hombre nuevo en Cristo, él era un hijo de Dios. Y así como su Padre celestial bendice a los hombres malos con el sol y la lluvia, de igual manera él debía orar por la bendición de Dios sobre el hombre que le había hecho mal.

El 38% de los hombres encuestados, frecuente u ocasionalmente, procesa y expresa su enojo de una manera saludable.

—¿Estuvo de acuerdo con darle una oportunidad? —me preguntó Esteban.

—Al principio, no —le dije—. Me dijo que odiaba a su socio y no podía pensar en nada positivo acerca de él. Dijo que no oraría por la bendición de Dios sobre su vida. Cuando nos reunimos un par de semanas más tarde, me dijo que tenía que confesarme algo. Temí lo peor. Pero no fue necesario. Dijo que unos días después de nuestra última reunión, había decidido darle una oportunidad a mi sugerencia. "Al principio mi carne peleó con uñas y dientes —me dijo—. No quería pensar positivamente acerca de ese canalla. Y orar por bendición de Dios sobre su vida me parecía imposible. Pero luego ignoré mi carne y recordé algunas cosas buenas que él había hecho por mí en el pasado. Cada vez que pensaba en él, le daba gracias a Dios por esas buenas obras. Y le pedí a Dios que fortaleciera su matrimonio y sus decisiones comerciales". El hombre se sorprendió cuando los sentimientos por su socio comenzaron a cambiar. Yo, por mi parte, no estaba sorprendido.

"Estoy convencido de que la amargura y el amor no pueden crecer en el mismo corazón".

—Si eliges albergar pensamientos positivos acerca de Heidi y orar por la bendición de Dios sobre su vida, los recuerdos dolorosos comenzarán a desaparecer. No va a suceder de un día para otro, dado que has sido profundamente herido. Aun así, comenzarás a sanar. Y a medida que tu corazón sane, tu enojo irá cediendo. Al orar por Heidi, pídele a Dios que le reafirme a ella tanto el amor de Él como el tuyo. Ella dijo que, en un principio, fue el miedo al abandono lo que la llevó a coquetear. Hoy más que nunca ella necesita saber que todavía la amas y que estarás ahí para ella. A medida que te concentres en amarla, a pesar de su traición, te será más fácil perdonarla.

—Pero estoy teniendo dificultades para perdonarme a mí mismo —dijo Esteban—. Me siento muy tonto. Mi instinto me decía que Heidi me estaba engañando, y lo ignoré.

—Esteban —dijo Heidi—, no eres un tonto.

Confiabas en mí, y yo te mentí. Cubrí mis huellas. Nada de esto es culpa tuya.

—La aventura fue tu mala decisión —dijo Esteban—. Pero descuidarte después de mudarnos a Houston sí fue culpa mía. Si me hubiera quedado en casa y te hubiera prestado más atención, no habrías terminado en un estado tan vulnerable.

—Es bueno que reconozcas eso —le dije—. En el futuro, en vez de castigarte por tus fracasos pasados, dale gracias a Dios por mostrarte cómo amar a Heidi de una manera que le haga sentirse segura y apreciada. Pídele que te permita reafirmarle tu amor... incluso cuando estés sufriendo.

A medida que nuestra reunión se tornaba más relajada, le recordé a Esteban las dos etapas necesarias: (1) Dar gracias a Dios por algo de la vida de Heidi cada vez que pensara en ella y (2) Orar y pedir la bendición de Dios sobre áreas específicas de la vida de Heidi.

ENTERRADOS EN LA PLAYA

La semana siguiente, cuando Esteban y yo nos reunimos, me hizo una confesión dolorosa.

—Siento que mi primer matrimonio ha muerto.

—¿Qué quieres decir? —le pregunté.

—Quiero decir que, antes de la aventura, yo estaba convencido de todas estas ideas y concepciones poco realistas e ingenuas acerca de Heidi y nuestro matrimonio. Pensé que íbamos a vivir felices para siempre. Estaba seguro de que como ambos conocemos a Cristo, Él nos protegería de todo daño grave. Y yo sé que Dios no es responsable de nuestro pecado, pero aun así… Yo sólo pensaba que nada como esto nos pasaría a nosotros. Veía a Heidi insegura, pero fuerte moralmente. Yo me veía como un hombre tolerante, sin resentimiento. Pensaba que el enojo era un problema con el que otros hombres luchaban. Incluso me sentía superior a los hombres con problemas matrimoniales. Todo eso ahora ha muerto. No estoy seguro de cómo seguir adelante. Esperemos que este fin de semana sea de ayuda.

—¿Qué pasará este fin de semana? —le pregunté.

—Te lo contaré la próxima vez que nos veamos.

Cuando nos reunimos la semana siguiente, Esteban hizo una declaración que me sorprendió.

—Enterré viva a Heidi —dijo con una calma escalofriante.

—¿Que hiciste qué? —pregunté, mientras imaginaba el cadáver de Heidi enterrada dos metros bajo tierra en el patio trasero de la casa de Esteban.

—Permíteme explicarme —dijo, y pasó a contarme la siguiente historia.

> Heidi y yo dejamos a Blas en casa de un amigo y fuimos a Galveston para celebrar nuestro décimo aniversario de matrimonio.
>
> Como sabes, los veranos en la costa de Texas son calurosos y húmedos. La arena es tan caliente que incluso los cangrejos corretean a través de ella con rapidez para evitar quemarse las patas. Pero la semana pasada, la brisa de noviembre era fresca y agradable. Una hora antes del atardecer, nos sentamos en el columpio del porche a mirar las olas que rompían en la playa. Entonces le pedí a Heidi que caminara conmigo hacia la orilla. Al rato, nues-

tros pies se hundían en la arena blanda, y habíamos dejado un rastro de huellas que marcaban nuestro camino. En ningún momento me preguntó sobre la pala y la bolsa de playa que llevaba conmigo.

Pronto la espuma blanca, los restos de las olas, se apoderaron de nuestros pies. Me giré, para mirar de frente la casa de la playa. Luego di diez pasos largos para alejarme de las olas, contando en voz alta mientras daba cada paso. Cuando me detuve, me preguntó qué estaba haciendo. Le dije: "Cada paso representa un año de nuestro matrimonio". Luego saqué una cinta de medir de la bolsa de playa y se la di en la mano. Mientras ella miraba, puse mi pie derecho en la parte superior de la pala y presioné hacia abajo. A continuación saqué una palada de arena.

—¿Qué tan profundo es? —pregunté.

Midió la profundidad con la cinta de medir.

—Diez centímetros —dijo.

Quité más arena, y ella volvió a medir.

—Veinte centímetros.

—Dos centímetros por cada año de nuestro matrimonio —le contesté.

Luego tomé de la bolsa de playa un sobre en el que había puesto una foto de nuestra boda, una foto de Heidi, una mía, una copia de nuestro certificado de matrimonio, y un pedazo de papel en el cual escribí todo lo relacionado con nuestro matrimonio que creía que había muerto cuando ella tuvo su aventura. Le entregué el sobre a Heidi. Ella sacó todo del sobre, delicadamente acarició cada una de las fotos y leyó la lista.

Cuando terminó, saqué una libreta y un bolígrafo de la bolsa de playa y le pedí que escribiera todo lo que consideraba que había muerto cuando ella tuvo la aventura amorosa. Ella comenzó a llorar. Poco a poco, hizo su lista. La leí y lloré junto a ella.

Recuerdo haber oído graznar a una gaviota y sentir el viento salado que soplaba desde el agua.

—Estoy enterrándonos a ti y a mí vivos en este sobre —le dije—. Estoy enterrando nuestro matrimonio, nuestras esperanzas, nuestros sueños, nuestros pecados y nuestras listas.

Puse el sobre en la tumba y lo cubrí con arena.

—Nuestro nuevo matrimonio será mejor —le dije—. No va a ser el primero porque ese ahora está muerto. Pero será mejor, porque estará basado en el fracaso y el perdón.

Heidi seguía llorando, por lo que la abracé durante mucho tiempo. Entonces saqué de mi bolsillo una cadenita de oro de la cual pendía un corazón dorado. Lo levanté para que ella lo viera.

—¿Sabes qué es esto? —le pregunté.

—Una cadenita —dijo, tocando el corazón.

—¿Recuerdas cuando hice trizas mi anillo de bodas?

—Lo recuerdo —dijo ella.

Entonces se dio cuenta de lo que yo había hecho.

—Este es tu anillo —dijo, mientras me abrazaba y me apretaba fuerte. Nunca antes me había abrazado una mujer resucitada.

VERDADES PARA VIVIR

- Es más fácil perdonar a alguien que entiendo.
- Procesaré mi enojo a solas con Dios.

- Para cultivar el perdón, debo cultivar la compasión.
- El perdón es una elección.
- Voy a nutrir al hombre nuevo y bueno que hay en mí al elegir pensamientos positivos.
- Voy a nutrir al hombre nuevo y bueno que hay en mí al orar positivamente.
- Voy a enterrar el pasado para poder celebrar el futuro.

FORTALEZCA AL HOMBRE BUENO

Por tanto, si tu hermano peca contra ti, ve y repréndele estando tú y él solos; si te oyere, has ganado a tu hermano. (Mateo 18:15)

Y ahora, amados hermanos, una cosa más para terminar. Concéntrense en todo lo que es verdadero, todo lo honorable, todo lo justo, todo lo puro, todo lo bello y todo lo admirable. Piensen en cosas excelentes y dignas de alabanza. (Filipenses 4:8, NTV)

PREGUNTAS PARA EL DEBATE

1. ¿Ha sufrido traición en el pasado? Explique cómo.
2. ¿Alguna ofensa del pasado ha provocado enojo en usted? Explíquelo.
3. ¿Por qué es importante el perdón para un hombre que quiere manejar y procesar su enojo de una manera piadosa?
4. En Mateo 5:44-48, ¿qué nos dice Jesús sobre cómo tratar a nuestros enemigos?
5. ¿Por qué es importante procesar nuestro enojo a solas con Dios?

6. ¿Cómo se puede cultivar la compasión por aquellos que nos han hecho mal?
7. ¿De qué manera es el perdón una elección?
8. ¿Qué dos cosas puede hacer para ayudar al nuevo hombre que hay en usted a perdonar a alguien que lo ha herido?

Capítulo 8

EL HOMBRE ACUSADO DE ROBARLE A SU PAPÁ

La bendición

"Anoche soñé con mi papá" —dijo Joel.

Cuando alguien comienza una sesión de consejería con un comentario así, capta mi atención. No es que sepa interpretar los sueños, pero a veces pueden revelar lo que pasa en el alma de una persona.

—¿Sueñas frecuentemente con él? —le pregunté.

—Sí. El primer año después de su muerte, los sueños me atormentaban. Me despertaba enojado. Los sueños abrían antiguas heridas que supuraban amargura.

Joel era alto y musculoso, con cara angulosa y una cabellera negra que peinaba hacia atrás. Sus ojos marrones podían alterar o calmar a alguien, dependiendo de la intención. Mientras hablaba sobre su padre, se veía triste, y su tristeza llenaba el cuarto como si una nube hubiera descendido de repente sobre nosotros.

—¿Cómo te lastimó tu papá? —le pregunté.

—Mi papá era un hombre iracundo—dijo Joel.

Se detuvo después de ese comentario como si

haberlo dicho le hubiera lastimado. Y luego reflexionó por un momento, para pensar qué decir.

—Una vez le pregunté a su hermana sobre su niñez. Me dijo que mi abuelo, a quien vi sólo una vez, solía pegarle a mi papá cuando se portaba mal. Eso no me sorprendió —dijo Joel—. Y luego me dijo algo que podría haber salido de una película de terror. Dijo que mi abuelo le pegaba a mi papá cuando su hermano mayor, Jacobo, se portaba mal.

—¿Por qué hacía eso?

—Mi papá solía pelearse a golpes con su hermano mayor. Eso ya era malo en sí, pero Jacobo era el hijo favorito de mi abuelo. La paliza era para enseñarle a mi papá cómo era sentirse intimidado.

—¿Y a Jacobo nunca lo castigaba?

—Según mi tía, no. Cuando mi papá tenía quince años, decidió no dejarse pegar más. Un día, su padre comenzó a pegarle con un cinturón. Mi papá lo enfrentó, le quitó el cinturón, y amenazó pegarle hasta dejarlo inconsciente si le volvía a pegar. Mi papá se fue de casa ese día y nunca regresó.

El 53% de los hombres encuestados calificó de excelente o buena la relación con sus padres.

El 27% dijo que la relación con sus padres fue terrible o pobre.

—No es de sorprenderse que fuera un hombre iracundo —dije.

—Dejó Montana y se fue a Texas, donde trabajó en los campos de petróleo —dijo Joel—. Se casó con una jovencita, de hecho, era la hermana mayor de mi mamá, y cuando mi madre tenía quince años, la embarazó (a mi mamá, no a su esposa). En ese entonces, él tenía veinticuatro años. Dijo que mi madre tenía la culpa por haberse metido en su cama. Dos años después, tuvieron otro hijo. Luego se divorció de su esposa y se casó con mi madre. Tuvieron otra niña y un niño. Yo fui el niño. Mi papá se dio cuenta de que podía hacer más dinero en ventas que trabajando en los campos, así que comenzó un negocio que proveía tuberías y equipo pesado a las compañías de petróleo. Hizo mucho dinero, pero también hizo muchas malas inversiones. Y siempre pensaba que alguien lo había estafado. Nunca olvidó un engaño que sufrió, y pasó mucho tiempo hablando y pensando en cómo había sido estafado por sus amigos.

—¿Cómo demostraba su enojo? —le pregunté.

—Cuando yo era niño, recuerdo que golpeaba a mi madre algunas veces, cuando los dos habían estado bebiendo. La mayoría de las veces, solo se gritaban el uno al otro. En su vejez, sólo hablaba de cómo sus amigos lo habían estafado y cómo su esposa le había sido infiel. A medida que mi madre envejecía, se comenzó a debilitar. Luego mi papá enfermó gravemente, y ella no pudo cuidarlo de la manera que él necesitaba. Cuando se tuvo que venir a vivir con nosotros, estaba resentido con mi madre por no haber cuidado de él. Él sintió que la había sostenido toda su vida, y ahora en su vejez ella se lo había sacado de encima. Él no quería dejar Texas, y se resintió conmigo, aun cuando yo estaba feliz por recibirlo en mi hogar.

—¿Por qué estaba resentido contigo?

Inclinó su cabeza y parecía buscar lo que iba a decir.

—Mi papá solía hacer comentarios sarcásticos sobre su recámara pequeña. Él hubiera preferido la recámara principal, pero Susana nunca lo hubiera permitido. Y se resintió porque no traté de hablar con mi madre para que se pudiera quedar con ella.

Joel se inclinó hacia adelante como si una pequeña pérdida hubiera desinflado su cuerpo. Luego inhaló y se sentó erguido.

—Un día mi papá me llamó a su recámara. Estaba sentado en su escritorio y sacó un juego de llaves de un cajón. Me las lanzó. Tan pronto como las agarré, me dio una hoja de papel. Me dijo que eran las llaves y el título de su convertible restaurado Thunderbird de 1956. Me había entregado su más preciada posesión… me dijo que quería que la disfrutara mientras él seguía con vida.

—Eso fue generoso —dije.

—Sí, yo también lo pensé —dijo Joel.

Sus palabras sonaban deprimentes, y sabía que la historia no terminaría bien.

—Un mes después, escuché a mi papá que hablaba por teléfono con una de mis hermanas. Le dijo que yo le había robado su auto. Dijo que había extraído el título a escondidas de su caja fuerte y que había falsificado su firma. Insistía en que yo quería que se muriera… que quería tener el auto ya. Cuando colgó le pregunté por qué había dicho eso. Dijo que solamente quería que ella supiera el tipo de hombre que yo era.

—¿Se le olvidó que te lo había dado?

—No, cuando le ofrecí volver a poner el título a su nombre, me dijo que lo mantuviera. Dijo que me lo había dado a mí. Pero le dijo a muchas personas que yo le había robado el auto, y algunos le creyeron. Su enojo le hizo ser cruel.

—Dijiste que después de su muerte, tus sueños te atormentaban. ¿Hubo algún cambio?

—Han pasado cinco años, y ahora es diferente. Ahora sueño que lanzamos una pelota de béisbol o que vemos un partido de fútbol. Una vez, soñé que trabajábamos juntos en el Thunderbird. Ya lo perdoné.

—Es como si lo hubieras amado.

—Todavía lo amo —dijo Joel—. Aunque se enojaba y a veces era malo, era mi héroe cuando era niño. Él era el entrenador de los equipos de béisbol y fútbol americano donde yo jugaba. Recuerdo el día que supe que nunca sería el hombre que él quería que fuera. Él suponía que un día yo me iba a encargar de su compañía, pero yo no tenía interés en el negocio del petróleo. Yo estaba en la escuela secundaria, y un día hablamos sobre mi futuro. Cuando se enteró de que yo quería ir a la universidad y estudiar en la facultad de derecho, se volvió cruel. Apenas me había decidido a jugar al golf en vez de fútbol americano, y él sacó el tema. Dijo que el golf era para niños que no podían jugar deportes de verdad. Dijo que yo era un fracasado y que siempre lo sería.

—¿Alguna vez se disculpó? —pregunté.

—Nunca lo volvió a mencionar.

—Pero ¿ya lo perdonaste?

—Ya lo perdoné.

Al ver el brillo de las lágrimas en los ojos de Joel, me di cuenta de que él había roto el ciclo de enojo que su abuelo le había traspasado a su padre.

Joel tenía dos hijos adultos, ninguno de ellos parecía tener problemas para controlar su enojo. Dado que en ese tiempo yo estaba escribiendo este libro sobre el enojo, le pregunté a Joel si podíamos seguir hablando del tema y además hablar con sus hijos. Cuando le expliqué la razón, dijo que él se encargaría de todo. Antes que se fuera, le di un duplicado de los capítulos que ya había escrito. Lo que descubrí unas semanas después cuando nos reunimos los cuatro me brindó el diseño sobre cómo un padre puede romper el ciclo generacional del enojo.

CÓMO ROMPER EL CICLO DEL ENOJO

Joel y sus dos hijos, Carlos, de veintiocho años, y Cristóbal, de treinta y uno, vinieron a mi casa un sábado por la mañana. Era principios de octubre y, a sabiendas de que podría ser el último día de la temporada lo suficientemente seco como para ofrecerles una vista desde la terraza, preparé una mesa allí con el desayuno. Me gusta cocinar, así que preparé unos huevos revueltos condimentados con cilantro, cebolla cortada en trozos, pimientos rojos, jalapeños cortados en trozos y queso suizo. También serví papas fritas, fruta fresca, tocino, y café que había tostado el día anterior. Esta era una comida para hombres, y sabía que se impresionarían.

—No me gusta el queso —dijo Carlos cuando le pasé su plato.

—Y a mí no me gustan los jalapeños —dijo Cristóbal.

—Pero ¡juntos están deliciosos! —dijo Carlos.

—Cierto —dijo Cristóbal al saborear los huevos como si nunca hubiera probado algo así.

—¿Tienes que soportar estas bromas todo el tiempo? —le pregunté a Joel.

—Bastante —dijo.

—Bill, ¿te estás mofando? —dijo Carlos—. Heredamos el sarcasmo de papá. Nosotros tuvimos que soportarlo a él desde que nacimos. Al menos, él sólo ha tenido que soportarnos parte de su vida.

Sabía que tenía que ser rápido para seguir el ritmo de estos dos muchachos. Afortunadamente, estaban hambrientos y de inmediato se pusieron a comer. Comimos en silencio por unos minutos, mientras veíamos cómo un zopilote se precipitaba por el aire hasta posarse sobre uno de los viejos abetos del barranco detrás de mi casa.

Mientras volvía a llenar sus tazas de café, les pregunté a Carlos y Cristóbal sobre su trabajo. Hacía poco que Carlos había terminado su residencia médica y trabajaba ahora en una clínica en Portland. Al igual que su padre, tenía un aspecto enjuto y una cabellera negra que llevaba muy corta. La chispa de sus ojos indicaba que siempre tenía algo gracioso que decir, aunque no lo dijera, pero resulta que casi siempre lo decía. Cristóbal medía cerca de 1.80 m y su musculatura era como la de un camión. Tenía brazos que parecían cañones y piernas que parecían troncos de árboles. Su cabello negro le llegaba al cuello.

Cristóbal diseñaba zapatos para Nike, y su temperamento relajado y su ropa casual hacían que pareciera un artista de la costa oeste.

Cuando terminaron de comer, les pregunté a Cristóbal y a Carlos si sabían por qué nos habíamos reunido.

—Papá nos lo contó —dijo Carlos—. Y quiero que sepas que Cristóbal y yo estamos enojados porque nos tuvimos que levantar temprano un sábado a la mañana para venir a verte.

—Qué bueno que estén enojados —dije—. Podré ver cómo lo procesan.

Los tres asintieron y se rieron.

—Hablando más en serio —dije—, ¿saben ustedes que su abuelo acusó a su padre de haberle robado su auto?

—¿Y no lo robó? —dijo Carlos.

—Sí, creo que papá lo robó —agregó Cristóbal con una sonrisa—. Es lo que el abuelo dijo.

—Solía ver a mi papá robar dinero del bolso de mi mamá a escondidas —dijo Carlos—. Y, una vez, cuando yo era chico, vi que se arrastraba por mi cuarto para robarme mis caramelos.

Joel movió su cabeza de lado a lado al ver que sus hijos se burlaban de él.

—Está bien, chicos. Cambiemos el tono de la conversación. Vamos a dejar las bromas.

—Hablando en serio —dijo Cristóbal—, sabíamos que el abuelo se enojaba mucho. Pero no solo estaba enojado con papá. Y, sí, nos dijo que papá le robó el auto. Pero eso es un disparate.

—Ahora, si le hubiera acusado de robar caramelos de su cuarto —dijo Carlos en broma—, le hubiéramos creído.

Ignoré el comentario de Carlos y le pregunté si Joel se había enojado por la acusación de su padre.

—En realidad, no —dijo Carlos—. Parecía lastimado, pero no enojado.

—¿Qué dijo?

—Dijo que no estaba seguro de por qué el abuelo diría algo tan cruel, pero pensó que tenía que ver con su propia niñez —dijo Carlos.

No siembre amargura

—¿Qué sucedía cuando las personas le faltaban al respeto o lastimaban a su padre? ¿Cómo manejaba él esa situación? —pregunté.

—No lo sé —dijo Cristóbal—. Rara vez lo hablaba con nosotros.

La respuesta me sorprendió.

—Joel, ¿por qué no hablabas de eso con ellos?

—Antes que ellos nacieran, Susana y yo tomamos la decisión de no hablar mucho delante de ellos sobre el daño que nos causaran los demás.

—¿Qué quieres decir?

—Mencionaríamos el hecho si algo malo hubiera pasado, pero solo contaríamos lo básico y de una manera que no los infectara de amargura.

"Basamos nuestra decisión en Hebreos 12:15 (NTV), que dice: 'Cuídense unos a otros, para que ninguno de ustedes deje de recibir la gracia de Dios. Tengan cuidado de que no brote ninguna raíz venenosa de amargura, la cual los trastorne a ustedes y envenene a muchos'".

—Creo que ese pasaje describe el corazón como un jardín —dijo Joel—. Las semillas, en forma de palabras, entran a través del canal auditivo. Cuando están en el jardín, las semillas germinan. Las raíces crecen. Una planta crece. Produce una flor que florece y luego genera semillas. Las semillas salen del corazón por medio de la boca de una persona en forma de palabras que entran a otros jardines. De esa manera, la amargura se esparce de una persona a otra.

—Buena descripción —dije.

—Prefiero la alternativa a la amargura —dijo Joel.

—¿Cuál es? —pregunté.

—Cuando esparcimos amargura, dejamos de alcanzar la gracia de Dios. La alternativa es permitir que la gracia de Dios arranque la amargura de nuestro corazón.

—¿Cómo lo haces?

—Es gracioso que lo preguntes —dijo Joel—. ¿Conoces el capítulo de tu nuevo libro sobre el perdón? Yo diría que resume cómo he tratado de lidiar con mis sentimientos cuando alguien me hace daño. La gracia de Dios me permite perdonar así como yo he sido perdonado. Me permite repasar, no cómo alguien me ha hecho daño, sino el bien que la persona haya hecho. Me permite orar por esa persona y ver su manera de ver las cosas. Fue lo que aprendí a hacer con mi papá, y es lo que Susana yo hemos tratado de hacer cuando alguien nos lastima. Y creo que es como hemos protegido a nuestros muchachos de expresar su enojo de una manera inapropiada cuando les hacen daño.

Explique su enojo

—¿Y qué puedes decir de cuando te enojabas con uno de los muchachos? ¿Qué hacías entonces?

—Yo puedo responder a eso —dijo Carlos—. La mayoría de las veces, nos hacía saber que estaba enojado y nos decía por qué.

—¿Alguna vez les gritó o insultó?

—Claro que gritaba, pero no muy a menudo. Y estoy seguro de que a ninguno de los dos nos insultó.

—Cuando eran chicos, ¿alguna vez los disciplinó cuando estaba enojado?

—Si estaba enojado, nos mandaba a nuestro cuarto. Luego, cuando se había calmado, hablaba con nosotros. No quiero decir que no fuera intenso en ocasiones, pero él nunca nos agredía ni nos decía algo para lastimarnos cuando estaba enojado.

—¿Qué pasaba cuando ustedes se peleaban entre ustedes? ¿Qué hacía entonces?

—Él insistía en que nos sentáramos y conversáramos para aclarar cómo empezó la discusión —dijo Cristóbal—. Por lo general, uno de nosotros había hecho algo para empezar la pelea, y teníamos que admitir que nos habíamos equivocado y pedir perdón. Y como casi siempre los dos éramos culpables, los dos teníamos que admitir nuestra parte en la pelea.

—De hecho, Cristóbal era quien solía empezarlas —dijo Carlos—. Se volvió muy adepto en dar disculpas.

Ignoré el sarcasmo de Carlos y pregunté:

—¿Cómo les ha ayudado esto de adultos?

—Cuando tengo un problema con mi esposa o con otra persona, hablo con ellos en vez de alterarme con mi enojo —dijo Cristóbal.

—Yo no tengo esposa —dijo Carlos—. Pero creo

que como mi papá no dejaba que nuestro enojo creciera, nos protegió de la amargura. Si insultábamos a alguien que nos había hecho daño en la escuela o al hacer deporte, de inmediato él hablaba con nosotros al respecto. Nos ayudaba a ver el punto de vista de la otra persona. Nos instaba a orar por ellos.

—Entonces, Joel, en lugar de pasarle el enojo a tus hijos, ¿lo procesabas con la ayuda de Dios y les enseñabas a hacer lo mismo?

—Eso intenté —dijo Joel.

Bendiga a sus hijos

—Creo que hiciste más que eso —dije—. Creo que has bendecido a tus hijos al darles aprobación, seguridad y valor. En los tiempos del Antiguo Testamento, un padre usaba la bendición para transferir cosas buenas de una persona a otra. Cuando Isaac bendijo a Jacob, le impartió la promesa de cosechas abundantes, muchos siervos y el liderazgo en la familia.[1] En el Nuevo Testamento, Jesús tomó a los niños en sus brazos y los bendijo.[2]

Le expliqué que al investigar para mi libro, había encuestado a miles de hombres de los Estados Unidos para aprender más acerca de su enojo. Una de las encuestas fue diseñada para determinar la relación entre el enojo de un hombre y si creía o no que su padre lo había bendecido.

—Estos son los resultados de la encuesta —dije mientras le mostraba a Joel la hoja que contenía la siguiente información:

El 54% de los hombres encuestados dijo que sus padres los habían bendecido.

El 46% dijo que no lo habían hecho.

De los que no habían sido bendecidos por sus padres, el 63% dijo que un miembro de la familia o un amigo les había dicho que tenían un problema con el enojo.

El 37% de los que habían sido bendecidos por sus padres recibieron el mismo comentario.

Es muy interesante notar que los hombres que no recibieron bendición de sus padres recibieron menos respeto de sus esposas y sus hijos que aquellos hombres que habían sido bendecidos.

Los resultados de la encuesta indican que si un hombre quiere romper la cadena generacional del enojo, es crucial que bendiga a su(s) hijo(s).

Cuando Joel me devolvió los resultados de la encuesta, dije:

—Es evidente para mí, Joel, que tú has bendecido a tus hijos. ¿Cómo lo hiciste?

Hable palabras de afirmación

—Antes que papá responda, quisiera decirle cómo lo hizo desde mi punto de vista —interrumpió Cristóbal.

—Adelante —dije.

—Papá siempre nos dio palabras de aliento. No es que no me corrigiera; sí lo hizo. Pero me daba más palabras de apoyo que de crítica.

—Siempre me expresaba su apoyo —dijo Carlos—. Incluso cuando hacía algo muy tonto, como la vez que puse el auto en reversa, en vez de ponerlo en marcha y golpeé un auto que estaba detrás de mí. Él simplemente movió la cabeza y dijo que había hecho lo mismo una vez.

Una sombra cruzó el rostro de Joel, y dijo:

—Mi padre me bendecía con frecuencia con palabras de aliento. Y luego me robaba la bendición. Como con el Thunderbird. Un día me lo estaba dando, y al mes siguiente, me acusaba de habérselo robado. Yo no quería hacer eso con Cristóbal y Carlos.

Exprese afecto físico

—Mi padre nunca me abrazaba o jugaba a las luchas conmigo —dijo Joel—. Él pensaba que el afecto físico no era apropiado entre hombres... ni siquiera entre padre e hijo. Cuando vivía con nosotros, lo abrazaba y lo besaba en las mejillas. Todavía recuerdo el olor a la colonia Old Spice en su cuello. Pero recuerdo que me abrazó solo una vez.

Cristóbal y Carlos se miraron el uno al otro y sonrieron.

—Papá solía jugar a las luchas con nosotros todo el tiempo —dijo Carlos.

—Pero paraba cuando sabía que le íbamos a ganar —dijo Cristóbal.

—En eso tienes razón —interrumpió Joel riéndose.

—Aunque ahora ya seamos hombres, nunca nos saluda ni nos despide sin un abrazo y un beso en la mejilla —dijo Carlos.

El 52% de los hombres encuestados cree que sus padres les mostraron un respeto excelente o bueno.

El 22% cree que fue terrible o pobre.

—Y volvemos al ejemplo de Jesús —dijo Joel—. Él tomó a los niños en sus brazos y los bendijo.

Haga oraciones visionarias

—Hay algo más que papá hizo desde que éramos niños —dijo Cristóbal—. Cada noche nos llevaba a la cama y oraba por nosotros. Y sus oraciones siempre se enfocaban en cómo él creía que Dios nos usaría en el futuro. Incluso de niño yo era muy artístico, y él oraba para que mi genio creativo (él realmente usaba la palabra *genio*) fuera usado por Dios para ayudar a las personas. Y ahora diseño zapatos que las personas usan alrededor del mundo.

—Y a mí siempre me gustó la ciencia —dijo Carlos—. Por las noches, papá oraba que Dios usara este interés para que su reino se extendiera.

"No sé cómo lo sabía, pero papá sentía cómo Dios nos había diseñado y constantemente decía que creía que nosotros éramos especiales y que Dios nos usaría grandemente".

—Tú hablas en tu libro del banco de respeto del hombre —dijo Joel—. Creo que tuve éxito en mantener lleno el banco de respeto de Cristóbal y Carlos. Incluso cuando teníamos problemas, les hacía entender que los respetaba.

Provea una perspectiva bíblica de la vida

—¿Y qué hay del proyecto que cada uno hizo con papá cuando cumplimos doce años? —dijo Cristóbal mirando a su hermano—. Eso fue importante.

—Y la recompensa fue divertida —dijo Carlos.

—Están hablando sobre el Pasaje —dijo Joel.

—¿Qué es eso? —pregunté.

—Cuando cada uno de los muchachos cumplió doce años, seguimos un estudio sobre el libro de Proverbios. El estudio se enfocó en temas importantes, como dinero, sexo, alcohol, pereza, sabiduría e insensatez. Cada tema incluía versículos de Proverbios. Les di un mes a cada uno para que estudiaran un tema en concreto e hicieran un resumen de lo que Proverbios enseñaba sobre ese tema. Después, cada uno debía escribir un principio eterno basado en su resumen y explicar cómo lo pondrían en práctica. Finalmente, en cada área de estudio debían establecer objetivos para su vida personal que apoyaran la declaración que habían desarrollado. Al final del mes, compartirían lo que habían escrito con el resto de la familia.

—Y papá nos recompensó con un viaje cuando terminamos —dijo Carlos.

—Él y yo anduvimos en bicicleta por la costa de Oregón —dijo Cristóbal—. Fue increíble.

—A mí me llevó a esquiar al Monte Bachelor por una semana —dijo Carlos—. Solo nosotros dos.

UNA IMAGEN DE AMOR

Después que los hombres se fueron, regresé a la terraza y vi a cuatro buitres que volaban con las corrientes térmicas en busca de algo muerto para comer. Y pensé en cómo nuestra carne, como esos buitres, está buscando la oportunidad de alimentarse de los daños que hemos sufrido para poder sustentar la amargura y el enojo. Es evidente que Joel había enseñado a sus hijos a negar los deseos de la carne y edificar el nuevo hombre en ellos para poder controlar su enojo. Su amor había roto el ciclo generacional del enojo.

Unos días después, Joel regresó porque me quería mostrar algo. Me mostró una fotografía de un niño con su padre, los dos llevaban gorra de béisbol y mostraban una sonrisa radiante. El niño sostenía un trofeo. El hombre estaba arrodillado detrás de su hijo y lo abrazaba fuertemente con ambos brazos.

—Después de la muerte de papá —dijo Joel—, yo estaba lavando el Thunderbird y encontré esta fotografía en blanco y negro en la guantera. Era una foto de la única vez que recuerdo que mi papá me abrazara. Me preguntaste cómo lo había perdonado. Dios usó esta foto. Dentro de la posesión más preciada de mi padre, estaba su foto favorita. Al menos… me gusta pensar que pudo haberlo sido. Cuando vi la fotografía, me derrumbé y lloré. En ese momento, Dios reemplazó mi enojo con el amor infantil que una vez tuve por mi padre. Pese a todo lo malo que él había hecho como padre, yo tenía muchos buenos recuerdos a los cuales aferrarme. Y decidí que prefiero vivir con esos recuerdos. Sé que cuando muera, mis hijos no tendrán que encontrar una fotografía que les recuerde mi amor. Todos los días… cuando puedo… les digo que mi vida es mucho mejor porque los tengo a ellos.

VERDADES PARA VIVIR

- Puedo romper el ciclo generacional del enojo.

- Cuando me río con mis hijos, les doy alegría en vez de enojo.
- Protejo a mis hijos del enojo al no sembrar en ellos amargura.
- Crío niños sanos al enseñarles a explicar su enojo.
- Bendigo a mis hijos al darles palabras positivas de afirmación.
- Bendigo a mis hijos al darles afecto físico.
- Bendigo a mis hijos con oraciones visionarias.
- Bendigo a mis hijos cuando les ayudo a desarrollar una perspectiva bíblica de la vida.

FORTALEZCA AL HOMBRE BUENO

Cuídense unos a otros, para que ninguno de ustedes deje de recibir la gracia de Dios. Tengan cuidado de que no brote ninguna raíz venenosa de amargura, la cual los trastorne a ustedes y envenene a muchos. (HECHOS 12:15, NTV)

Cuando Jesús vio lo que sucedía, se enojó con sus discípulos y les dijo: «Dejen que los niños vengan a mí. ¡No los detengan! Pues el reino de Dios pertenece a los que son como estos niños. Les digo la verdad, el que no reciba el reino de Dios como un niño nunca entrará en él». Entonces tomó a los niños en sus brazos y después de poner sus manos sobre la cabeza de ellos, los bendijo. (MARCOS 10:14-16, NTV)

PREGUNTAS PARA EL DEBATE

1. Lea Marcos 10:13-16 y hable sobre cómo Jesús bendijo a los niños.
2. ¿Recibió la bendición de su padre? ¿Cómo le afectó a usted?

3. ¿Por qué es importante romper el ciclo generacional del enojo?
4. ¿Por qué es importante para un padre no sembrar amargura en sus hijos? ¿Cómo puede proteger a sus hijos de la amargura? Aunque usted no tenga hijos, ¿qué puede hacer para no sembrar amargura en los demás?
5. ¿Cuáles son las cuatro maneras en que Joel bendijo a sus hijos? ¿Cuál le impresionó más? ¿Cómo cree que le está yendo en cada uno de esos cuatro aspectos? Si usted es soltero, ¿cómo puede bendecir a su familia y a sus amigos?
6. ¿De qué forma su carne trata de usar la amargura para alimentar el enojo? ¿Cómo le puede permitir al hombre nuevo y bueno en usted procesar la amargura de una manera saludable?
7. ¿Cuál es la lección más importante que ha aprendido de este libro?

Capítulo 9

LA MUJER CON UNA CANICA BLANCA EN SU MANO

La respuesta

Cristina entró a mi oficina vestida con pantalones y blusa negros, y se sentó en una silla de cuero cerca de la chimenea. Se llevó hacia atrás su cabello negro que le llegaba a los hombros y sonrió.

—No puedo creer lo bien que está respondiendo Santiago —dijo.

Había pasado una semana desde que habíamos tenido las sesiones intensivas en las que Santiago aceptó que el orgullo alimentaba su enojo (su historia se encuentra en el capítulo 6, y voy a contar la historia como la vivió Cristina, no porque todas las mujeres tengan los mismos problemas que ella tiene con el enojo de su esposo, sino porque muchas mujeres se beneficiarán de lo que ella aprendió).[1]

—Me alegra escuchar eso —dije—. ¿Qué cosas han cambiado?

—Creo que la diferencia más notoria está en la manera en que me habla. Él ya no me habla como si quisiera hacerme sentir mal. Justo anoche, cuando llegamos a casa, vio sobre la mesa de la cocina una notificación de una cuenta atrasada de nuestro médico. En vez de sermonearme sobre lo irresponsable que era, tranquilamente me preguntó sobre eso y me escuchó cuando le recordaba que nuestra compañía de seguros nos había dicho que no pagáramos esa cuenta hasta que ellos terminaran de procesarla.

—Me da gusto escuchar eso. Espero que siga avanzando.

—Creo que lo hará —dijo Cristina—. La semana pasada fue la primera vez que admitió que tenía problemas con el enojo. Pero quería hablar con usted en persona, porque mencionó que podría haber algunas maneras de animar a Santiago en su búsqueda de controlar el enojo.

—Te agradezco por poner de tu parte, Cristina. Mientras Santiago aprende a cambiar la manera en que reacciona cuando se enoja, tú puedes interactuar con él de un modo que no alimente su enojo ni provoque uno de sus sermones.

—Quiero lograr eso —dijo Cristina.

—Empezaremos por ver cómo has interactuado con Santiago en el pasado. Cuando él estaba enojado, ¿es posible que hayas ido muy lejos para tratar de encontrar la raíz del problema y poder ayudarlo?

—¿Qué quiere decir?

—Santiago me dijo que tú pensaste que tenía una adicción sexual y, para averiguarlo, te dedicaste a revisar su historial en el navegador de la Internet. Dijo que cuando lo negó, hablaste de ello con su pastor.

—Es porque él *había* entrado a un sitio pornográfico.

—¿Y cómo te enteraste?

—Él me lo dijo —declaró—. Dijo que fue por accidente, pero no le creí.

—¿Ahora sí le crees?

—Creo que sí —dijo.

Hice una pausa para que pudiera meditar en su declaración.

—Cristina, ¿cómo respondió él a tus intentos de hacer que admitiera que tenía un problema cuando lo negaba?

—Se puso a la defensiva y se enojó.

El 39% de las mujeres encuestadas dijo que sus maridos se enojaban más de una vez por semana.

El 13% dijo que se enojaban todos los días.

—Después de eso, Santiago me dijo que leíste un libro sobre consejería matrimonial y te convenciste de que él era un misógino. Creíste que odiaba a las mujeres.

—Sí, supongo que eso parece extraño —dijo—. Pero como estaba enojado todo el tiempo conmigo, pensé que era una posibilidad.

—¿Y cómo respondió cuando le dijiste que era un misógino?

—Al principio, le pareció gracioso. Cuando se dio cuenta de que hablaba en serio, comenzó a reunir pruebas para demostrar que yo estaba equivocada. Ya sabe cómo se pone. Cuanto más discutía conmigo, más en desacuerdo estaba con él y más nos enojábamos.

—¿Piensas todavía que odia a las mujeres?

—Usted trata de mostrarme un patrón, ¿verdad?

—¿Ves alguno? —pregunté.

Cristina me miró por algunos segundos y luego asintió.

—Es difícil de admitir —dijo—. Santiago siempre dijo que yo trataba de cambiarlo. Si reconozco un patrón como ese, estaré admitiendo que él tenía razón. En el pasado, él me hubiera echado eso en cara.

UN ÁLBUM FAMILIAR

—Pero solo nosotros estamos hablando, Cristina. Santiago no está aquí. Trato de ayudarte a llegar a la verdad para que tengan un matrimonio sólido. Santiago tiene que seguir trabajando en lo suyo, pero tú también deberías considerar cambiar tu propia manera de pensar y actuar, pues eso sólo alimenta su enojo.

El 13% de las mujeres encuestadas dijo que están constantemente corrigiendo a sus esposos.

El 42% dijo que lo hace a veces.

El 31% dijo que rara vez lo ha hecho.

Luego le expliqué a Cristina el concepto de codependencia. La palabra *codependencia* no está de moda ahora como lo estaba en el pasado, pero todavía es la mejor palabra que conozco para describir a cierto tipo de personas y sus comportamientos. Creo que nos describe a todos en algún momento. Mi definición favorita es la que fue acuñada por Melody Beattie.

Ella dice que los codependientes son aquellos que permiten que el comportamiento de otra persona les afecte y están obsesionados con controlar el comportamiento de esa persona.[2] Los codependientes están tan centrados en rescatar a otros que ignoran lo que está pasando dentro de ellos.

De niños, todos aprendimos algunas reglas para relacionarnos con otras personas. Los niños criados en familias disfuncionales, familias que no funcionan de una manera saludable, aprenden a reaccionar al principal factor estresante de la familia. Ya sea una adicción de un padre hacia el alcohol o el trabajo, abuso verbal o físico, control emocional, inflexibilidad religiosa o abuso sexual.[3]

Los niños se adaptan de alguna manera al estrés causado por la disfunción de los padres en un intento de controlarlo y dar un equilibrio a la familia. Con el tiempo, cada uno adopta un rol codependiente en la familia.

Por ejemplo, un hijo puede adoptar el rol del *héroe de la familia*, pues tiene que salvar el nombre de la familia. Suele sentir el impulso de destacarse en todo lo que hace. Otro hijo asumirá el rol de *comediante* para aportar un toque de humor a la familia y desviar la atención de los asuntos importantes. Incluso otro hijo podría convertirse en el *chivo expiatorio* de la familia. Esta persona desvía la atención del problema mediante un comportamiento inapropiado y antisocial. Otros hijos de familias disfuncionales pueden adoptar el rol de *ayudante de la familia*, *esposo sustituto* o *padre de los padres*.

Cuando los hijos de familias disfuncionales crecen, continúan asumiendo su rol a pesar de no estar vinculados a la fuente original del estrés. Sus roles parecen normales para ellos, pues han crecido con ellos. Si bien fueron útiles en su momento, con el tiempo esos roles llegan a ser destructivos.[4]

Mientras Cristina y yo hablábamos, era claro que ella había asumido el rol de la *ayudante de la familia*, porque los problemas personales de sus padres les impidieron darles a sus hijos la atención que necesitaban. Ella solía castigar a su hermano y hermana menores, les ayudaba con las tareas y observaba su progreso en la escuela. Incluso lavaba y planchaba su ropa.

—Yo amo a mis padres, Bill —dijo—. Y cuando recuerdo mi niñez, lo hago con nostalgia. Pero nunca se me ocurrió que trataba a Santiago como lo hacía con mi hermano y mi hermana. Ahora sé por qué se enoja.

¿QUIÉN ES LA VÍCTIMA?

—Las personas suelen responder con enojo cuando un miembro bien intencionado de la familia o amigo trata de corregirlas —dije—. Una persona codependiente lo hace por el deseo de rescatar a otra persona. Cuando la persona que está siendo rescatada no responde de la manera correcta, el codependiente se enoja y castiga a esa persona. Al final, el codependiente se siente usado y termina siendo castigado por la persona que trató de rescatar. Al final, aquel que trataba de rescatar a la otra persona termina como la víctima.[5]

El 18% de las mujeres encuestadas dijo que sus esposos suelen enojarse cuando ellas tratan de ayudarles a corregir un aspecto de sus vidas.

El 38% de las mujeres dijo que se enojan por eso a veces.

El 23% dijo que casi nunca se enojan por eso.

—¡Fue exactamente lo que me pasó! —exclamó Cristina—. Traté de ayudar a Santiago con su problema de pornografía, que ahora sé que no tenía. Cuando no respondió como yo quería, me enojé y lo castigué llamando a su pastor. Eso hizo que se enojara más, y luego me castigó. Terminé como la víctima. Y eso ha pasado una y otra vez.

LOS HOMBRES NECESITAN RESPETO

—Tu obsesión por corregir a Santiago desató su enojo porque él sentía que le faltabas al respeto —dije—. Mientras las mujeres necesitan sentirse amadas por sus esposos, los hombres necesitan sentirse respetados por sus esposas. Cuando piensas que Santiago necesita cambiar e intentas hacer que cambie, él siente que no respetas su capacidad de resolver sus propios asuntos personales.

—Pero no estoy segura de que él pueda hacerlo —replicó.

—Tal vez no pueda, pero debes respetarlo lo suficiente como para hacerte a un lado y dejar que él lo intente. Si él quiere que lo ayudes, te lo pedirá.

—¿Y si no lo hace?

—Tanto si te pide ayuda como si no, debes confiar que Dios puede cambiarlo. Recuerda, Pablo dijo en Filipenses 1:6 (NTV): "Y estoy seguro de que Dios, quien comenzó la buena obra en ustedes, la continuará hasta que quede completamente terminada el día que Cristo Jesús vuelva".

"Al hacerte a un lado, permitirás que Dios haga su obra en la vida de Santiago. Tus esfuerzos puede que enojen más a Santiago, y se detenga el trabajo de Dios en su vida".

Al terminar la sesión, copié Filipenses 1:6 en una tarjeta y se la di a Cristina. Le pedí que la tuviera con ella y que la leyera cada vez que sintiera deseos de cambiar a Santiago o de ayudarlo cuando él no se lo pidiera.

Cuando Cristina se fue, recordé un conflicto que tuve con mi esposa durante nuestro primer año de matrimonio. Cindy trataba insistentemente de que no mirara televisión. Me pedía con amabilidad que la apagara. Luego me exigía que la apagara. Luego la apagaba cuando estaba viendo un partido de fútbol. Ella me citaba el libro de Proverbios sobre el peligro de la pereza. Cuanto más trataba de cambiarme, más me enojaba... y más televisión miraba.

Un día, Cindy dejó de hablar sobre mi hábito de mirar televisión. Incluso actuaba como si no le afectara que yo mirara televisión. Pero en secreto, ella oraba a Dios para que me cambiara.

Meses después que dejara de insistirme en que no mirara tanta televisión, escuché a un líder en el mundo de los negocios, Arthur S. DeMoss, decir que no tenía ningún televisor en su casa. Dio una lista de los beneficios que él y su familia tuvieron al no tener televisor. Recalcó que no fue una decisión dictatorial que él tomaba, sino que la familia votaba cada año. Cuando llegué a casa, llamé a un amigo y le regalé el televisor. Cindy y yo sobrevivimos siete años sin televisor, y estoy seguro de que ayudó a nuestra relación. Cuando volvimos a comprar otro, fue de mutuo acuerdo.

Esa experiencia sirvió para transformar y enriquecer nuestro matrimonio. Cindy descubrió que Dios trabajaría mejor y más rápido en mi vida si ella se hacía a un lado y permitía que él me cambiara. Es una lección que ha sido confirmada numerosas veces en el transcurso de nuestro matrimonio. De hecho, puedo recordar dos cambios específicos que ocurrieron en mi vida el año pasado a causa de sus oraciones, cambios por los que al principio ella me presionaba y, al final, se hizo a un lado y le llevó el asunto a Dios.

Los hombres necesitan el respeto de sus esposas. Y cuando no lo tienen, su reacción inmediata suele ser el enojo. El enojo que lleva a un comportamiento abusivo *nunca* debería tolerarse. De cualquier modo, después de trabajar con Cristina y Santiago, supe que los dos estaban comprometidos a amarse y a respetarse el uno al otro.

ENCUENTRE UNA SALIDA

A menudo, cuando las personas que vienen a verme en consejería logran alcanzar el entendimiento, como lo hizo Cristina, esperan que el cambio sea rápido. Cuando me volví a reunir con Cristina, admitió que abstenerse de controlar a Santiago fue más difícil de lo que ella había esperado, en parte porque se sentía decepcionada al ver que no cambiaba de la manera que ella quería.

El 13% de las mujeres encuestadas dijo que a menudo están decepcionadas con sus maridos.

El 43% dijo que a veces están decepcionadas con sus maridos.

El 30% dijo que casi nunca están decepcionadas con sus maridos.

Hablamos de que el rol de ayudante que Cristina adoptó en su niñez hizo que buscara un esposo con quien se pudiera relacionar de la misma manera. Aunque parezca ilógico, Cristina se sentía responsable de los defectos de Santiago, del mismo modo que había asumido la responsabilidad de los puntos débiles de su hermano y hermana. La culpa que sentía por los defectos de su esposo, en realidad hacía que insistiera con más empeño. Y cuando él no cambiaba, Cristina se enojaba.

Una vez que admitió tener este patrón en su vida, hablamos de que ella podría producir un cambio en su matrimonio si trabajaba en su propia vida. Estos mismos principios pueden ser de ayuda para todo aquel que necesite aprender a responder ante un esposo o un ser querido enojado.

Reflexione en su pasado con oración

—¿Puedes ver cómo tu rol de ayudante de la familia te programó mientras crecías para que buscaras a alguien con el que tuvieras una relación de ese tipo?

—¿Quieres decir que en realidad yo quería casarme con alguien que, según yo, necesitaba mi ayuda?

—¿Qué piensas tú?

—Tiene sentido —dijo—. He tratado de corregir a Santiago durante gran parte de nuestro matrimonio.

—¿Y te has sentido responsable de los defectos de Santiago?

—En realidad, no —dijo. Y luego hizo una pausa—. Tal vez un poco.

—Esa culpa podría impulsarte a insistir mucho más en corregirlo para así aliviarla. Y cuando él se resiste a tus esfuerzos y no cambia, te enojas aún más. Tal enojo no es saludable, porque es producto de una expectativa no cumplida. Cuando ese tipo de enojo es suprimido, puede causar sentimientos continuos de rabia hasta que, en ocasiones, pueden estallar.

—¿Como aquella vez que me puse furiosa y le arrojé algo a Santiago?

El 18% de las mujeres encuestadas dijo que cuando ellas y sus esposos discuten, por lo general se olvidan de ello cuando terminan.

El 20% dijo que se separan algunos días o semanas después de discutir.

El 9% dijo que se niegan afecto después de discutir.

El 39% dijo que se reconcilian después de discutir.

—Ese es un buen ejemplo —dije—. Desde luego que no todas tienen arrebatos de enojo. Algunas mujeres usan el sarcasmo o niegan el afecto para demostrar su enojo.

—Esto es de gran ayuda, Bill, pero quiero saber cómo puedo dejar todo esto atrás.

—Cristina, es importante que sepas que ni tú ni Santiago dejarán esto atrás como si estuvieran saliendo de un edificio. Se necesita tiempo, y en ocasiones caerán en los mismos patrones destructivos de antes. Les va a requerir algo de trabajo. Quiero animarte a que te tomes un tiempo a solas y reflexiones en oración sobre el rol que tuviste en tu familia cuando eras chica. Piensa en tus relaciones presentes y observa cómo aún actúas en ese rol. Toma una libreta y escribe tus pensamientos. No busques a nadie más a quien culpar por tus problemas presentes. En vez de eso, trata de entender por qué eres de la manera que eres para que puedas cambiar más fácilmente.

—He estado haciendo eso desde nuestra última reunión —dijo ella—. Incluso he escrito algunos pensamientos en mi diario.

Déjelo ir

—Sigue así, persevera —dije—. Cuanto más entiendas por qué a veces tratas de cambiar a Santiago, más fácil será para ti superar tus ganas de insistir en tratar de controlarlo. Aunque insistir te parece la cosa más segura de hacer, no lo es.

Luego le pregunté:

—¿Alguna vez has mejorado porque alguien te obligó a cambiar?.

Cristina se rió e hizo un gesto de negación con su cabeza.

—¡De ningún modo!

—Como el padre del hijo pródigo, debes dejar ir a Santiago, y confiar en que Dios obrará en su vida.

—Pero ¿qué pasa si él está haciendo algo que está mal? ¿No debería decirle nada?

—Dejarlo ir no significa que apruebes su comportamiento incorrecto. Tampoco significa que nunca lo confrontes. Y tampoco significa que no te interesa. Antes bien, debes dejar de estar obsesionada con rescatar a Santiago controlando su vida y corrigiendo sus defectos. Él interpreta eso como una falta de respeto, y eso incita aún más su enojo.

Cristina se comprometió a reflexionar en su pasado y regresar la siguiente semana con los pensamientos que escribiera en su diario. También estuvo de acuerdo en elegir agradecer a Dios conscientemente por algo de la vida de Santiago cada vez que intentara concentrarse en sus defectos. Y por último, dijo que haría el esfuerzo consciente de dejar ir a Santiago y confiar en que Dios lo cambiaría.

Encuentre su nueva identidad

Cuando nos reunimos la siguiente semana, hablé con Cristina acerca de que mostrar respeto por Santiago sin tratar de cambiarlo requería más que solo dejar a un lado el rol que había aprendido de niña. Hablamos de que su identidad no debería descansar en el rol de ayudante de Santiago. Aunque ayudarlo, o tratar de hacerlo, pudiera hacerle sentirse segura, necesitada e incluso virtuosa, le daba un falso sentido de identidad. Su verdadera identidad yace en el hecho de que ella es una mujer nueva y buena en Cristo. Después de hablar sobre algunos problemas de identidad mencionados en este libro, le di algunos consejos.

CÓMO RESPONDER A UN HOMBRE ENOJADO

—Antes que los tres nos reuniéramos, ¿cómo respondías normalmente cuando Santiago se enojaba? —le pregunté a Cristina.

—Dado que él me hablaba como si fuera un robot y me abrumaba con datos que demostraban que yo estaba equivocada, me ponía a la defensiva.

—¿Y conseguías convencerle de que él estaba equivocado?

—Nunca —dijo—. Él discutía con más vehemencia. Y luego yo me enojaba.

—Ese era un ciclo dañino para los dos.

—Sí, lo era.

El 17% de las mujeres encuestadas dijo que generalmente tienen un plan para lidiar con el enojo de sus esposos.

El 32% dijo que a veces tienen un plan.

El 28% dijo que casi nunca tienen un plan.

El 18% dijo que nunca tienen un plan.

—Puesto que ponerte a la defensiva no te ha dado ningún resultado, te quiero ofrecer algunas ideas que sí funcionan.

—Soy toda oídos—dijo Cristina.[6]

Escuche y desvíe el enojo

La Biblia nos enseña cómo responder a una persona enojada.

> *La blanda respuesta quita la ira; mas la palabra áspera hace subir el furor.* (Proverbios 15:1)

Por esto, mis amados hermanos, todo hombre sea pronto para oír, tardo para hablar, tardo para airarse; porque la ira del hombre no obra la justicia de Dios. (SANTIAGO 1:19-20)

Después de leer los dos pasajes, Cristina dijo:

—Está muy claro que necesito responder al enojo de Santiago escuchándolo apaciblemente mientras controlo mi propio enojo.

—Veamos un ejemplo —dije—. ¿Recuerdas la vez que tú y Santiago discutían sobre quién había olvidado llenar el tanque de gasolina del auto? Imagina que, en vez de ponerte a la defensiva, hubieras escuchado su expresión de enojo y simplemente lo hubieras desviado sin permitir que tus propias emociones se agitaran.

—¿Qué tendría que haber hecho? —preguntó.

—Mientras le dejabas hablar, te podrías haber imaginado que estabas en una burbuja protectora, que le permitía a él lanzar su enojo sin que ninguna de sus emociones te alcanzara. Podrías haber visualizado que la burbuja desviara todas sus palabras y emociones, y que cayeran al suelo sin causarte daño. Eso te hubiera permitido escuchar sin que su enojo provocara tu enojo. Así que, si él hubiera dicho: "Cristina, ¿por qué usaste mi auto y lo trajiste a casa sin gasolina?", hubieras escuchado sus palabras sin necesidad de ponerte a la defensiva.

Escuche y póngase en el lugar de la otra persona

—Una vez que Santiago expresara sus sentimientos, el próximo paso sería que respondieras de una manera que le permitiera contar su historia de nuevo para que pudieras ponerte en su lugar. Podrías haberle dicho apaciblemente: "Santiago, dime otra vez exactamente qué pasó y por qué estás enojado".

—Él todavía estaría enojado —dijo ella.

—Creo que tienes razón.

"Pero en ese punto de la conversación, estás tratando de comprender su enojo para ayudarle a procesarlo, no para discutir con él".

—Después que te lo dijera otra vez, podrías haberte puesto en su lugar y decirle: "Santiago, entiendo por qué estás enojado. Yo también estaría enojada si te hubiera pedido que llenaras el tanque de gasolina y en cambio te fueras a la tienda y lo regresaras vacío". Con suerte, para entonces, su enojo se hubiera calmado bastante y hubiera estado dispuesto a escuchar lo que tuvieras que decirle.

Explíquese con calma

—En vez de ponerte a la defensiva, le hubieras explicado qué pasó. Le hubieras dicho con calma: "Santiago, ¿te puedo decir qué fue lo que pasó? Yo llevé mi auto a la tienda. Si alguien usó tu auto, tal vez fue uno de los muchachos. Hablemos con ellos para ver si lo usaron o no. Si ellos lo usaron, debemos recordarles la importancia de no traer el auto a casa sin gasolina".

—¿Y si todavía siguiera enojado?

Aléjese sin decir nada

—Si siguiera enojado, deberías decirle que entiendes su enojo, pero crees que sería mejor discutirlo después de haber hablado con los muchachos. Una vez que hubieras hablado con ellos, le hubieras podido decir a Santiago que ellos lo usaron.

Cristina asintió.

Luego le pregunté:

—Pero, imagina que tú sí hubieras usado el auto. ¿Qué hubieras podido hacer entonces?

—Pero no lo hice.

—Lo sé, Cristina. Se trata de una situación hipotética. Si tú hubieras conducido su auto, ¿qué hubieras hecho entonces?

Pida perdón en el momento oportuno

—Si hubiera usado su auto, me hubiera disculpado y le hubiera pedido que me perdonase.

—Esa es una buena idea. Pero sería mejor disculparse después de tomar los primeros dos pasos. Eso le permitiría a él demostrar su enojo para que cuando tú expliques lo que pasó, él sintiera que entendiste lo que él sintió.

—Eso tiene sentido —dijo Cristina—. Comenzaré a trabajar en estos consejos en esta semana y te haré saber cómo me ha ido.

EL SEGUIMIENTO

Cuando Cristina y yo nos reunimos en mi oficina después que hubiera practicado estas técnicas por algunas semanas, lo primero que noté fue el brillo de sus ojos.

—Parece como si escondieras un secreto —le dije.

—Es que descubrí algo que ha cambiado mi manera de responder al enojo de Santiago.

—Creí que él estaba controlando su enojo —dije.

—Oh, lo está haciendo mucho mejor —dijo Cristina—. Pero mi *secreto* ha ayudado.

—Cuéntame sobre eso.

Cristina metió su mano derecha en el bolsillo derecho de su pantalón. Cuando la sacó, sostenía un objeto con el puño cerrado.

—Aquí está, en mi mano.

—¿Qué es?

Cristina abrió lentamente su mano y me mostró una canica blanca.

—Ha sido difícil encontrar una blanca, pero lo conseguí —dijo sonriendo—. Es Santiago.

—Mmm. Se ve mucho más pequeño. Y más esférico —dije.

Ignoró mi intento de hacer una broma, y dijo:

—Quería una canica blanca porque el blanco me recuerda que Santiago es un hombre nuevo y bueno en Cristo. Me recuerda que Cristo está trabajando en su vida.

—Eso está muy bien —dije.

—Cada vez que pienso en corregirlo, cambiarlo o reaccionar ante su enojo, tomo la canica y luego la suelto. Es un recordatorio de que tengo que dejar ir a Santiago y permitir que Dios lo cambie. Me recuerda que debo soltar mi enojo para no reaccionar de una manera que empeore las cosas.

—Santiago es un hombre afortunado —dije.

—¿Afortunado? Vamos, Bill, sabes que no tiene nada que ver con la suerte.

—¿A qué te refieres?

—Me refiero a que soy un regalo de Dios.

Ella tenía razón, por supuesto. Y eso se aplica a todas las esposas.

VERDADES PARA VIVIR

- Los hombres necesitan el respeto de su esposa y de sus seres queridos.
- Puedo mostrar respeto hacia mi esposo confiando en Dios para cambiarlo.
- Por mi bien y el de mis hijos, nunca toleraré un comportamiento abusivo de mi esposo.
- Cuando mi esposo esté enojado, escucharé y desviaré su enojo.
- Cuando mi esposo esté enojado, lo escucharé y me pondré en su lugar.
- Cuando mi esposo esté enojado, le explicaré con calma lo que pasó desde mi perspectiva.
- Cuando mi esposo esté enojado, me alejaré sin decir nada.
- Le pediré perdón cuando me corresponde.

FORTALEZCA A LA MUJER BUENA

Estando persuadido de esto, que el que comenzó en vosotros la buena obra, la perfeccionará hasta el día de Jesucristo. (Filipenses 1:6)

La blanda respuesta quita la ira; mas la palabra áspera hace subir el furor. (Proverbios 15:1)

Por esto, mis amados hermanos, todo hombre sea pronto para oír, tardo para hablar, tardo para airarse; porque la ira del hombre no obra la justicia de Dios. (Santiago 1:19-20)

Reflexiones

EL NUEVO HOMBRE EN USTED
CADA HOMBRE TIENE UNA HISTORIA

"Luchen y puede que mueran. Huyan y vivirán... un tiempo al menos. Y cuando estén en su lecho de muerte dentro de muchos años, ¡querrán cambiar *todos* los días de su vida por una oportunidad, solo una oportunidad, de volver aquí y decir a nuestros enemigos que podrán quitarnos la vida, pero jamás nos quitarán... *nuestra libertad*!".

Estas palabras fueron dichas por William Wallace (de hecho, fue Mel Gibson quien interpretaba el papel del rebelde escocés del siglo XIV), antes de una batalla estratégica. Mientras su ejército de soldados aficionados miraba hacia el valle donde estaban las tropas británicas armadas hasta los dientes, los hombres cuestionaron la sabia decisión de pelear una batalla que casi seguro perderían. Los escoceses se sentían condenados a la derrota, como un bote de remos en combate contra un barco de guerra. Y no había esperanzas de que Wallace se sublevara contra el mandatario inglés y tomara la corona escocesa.

Pero en la película *Corazón Valiente* (*Braveheart*),

las palabras de Wallace recobraron el espíritu de sus hombres; pelearon, ganaron y vivieron para pelear otro día.

Como se ve en este libro, me gustan las historias. Me gustan porque cada hombre tiene su historia. Y en cada historia, hay un héroe, un villano, un conflicto y un punto de desesperación donde el fracaso parece inminente. Y entonces una intuición, una causa, un amor por Dios o una familia permitirán al héroe superar cualquier debilidad personal y situación adversa para conquistar lo imposible. Esto solucionará el conflicto y llevará al héroe y a sus seres queridos rumbo a una dirección nueva y positiva. En las buenas historias, el héroe cambia. Es un hombre mejor y diferente al final de la trama.

Ese es el tipo de historia que me gusta. En una tragedia, el héroe tiene un final infeliz o trágico provocado por "debilidades morales, desajustes psicológicos o presión social".[1] *Corazón Valiente* no fue una tragedia, porque aunque William Wallace murió, lo hizo como mártir. Su historia es la de un pacifista que se convirtió en guerrero y luego en héroe. Su último grito, mientras su cuerpo era estirado en el potro de tortura, fue: "¡Libertad!".

Algunas historias reales son tragedias que llegan al alma, como la historia de Jerónimo. Solo nos habíamos visto unas pocas veces, cuando me di cuenta de que había sufrido cosas terribles por parte de un hermano y un amigo de antaño. En vez de buscar la solución a su enojo y perdonar a los que le habían hecho sufrir, alimentó su amargura hasta que se convirtió en odio, y luego en ira. En vez de tratar su enojo de una manera saludable, prefirió medicarlo con alcohol. Con el tiempo, se convirtió en un alcohólico empedernido. Aunque ganaba mucho dinero con la venta de cosas (no recuerdo qué vendía, solo que vendía mucho), se negó a tomar los pasos necesarios y dolorosos para lidiar con su enojo y dejar de beber. Un día, me dijo que se había desmayado y que no podía recordar dónde había estacionado su auto. No recordaba cómo había llegado a su casa.

Nunca olvidaré esa reunión. Le imploré que aceptara la gracia de Dios y perdonara a sus enemigos. No quiso ni siquiera considerar mi sugerencia. Le pedí que entrara en un programa para el tratamiento de su alcoholismo. Dijo que lo haría algún día. Cuando se fue de la reunión, tuve un presentimiento terrible de que no lo volvería a ver con vida.

Una semana después, Jerónimo estaba sentado a la mesa de su cocina bebiendo whisky y limpiando una pistola mientras su hijo de doce años lo miraba. Echó hacia atrás el percutor, cargó el gatillo y colocó la pistola sobre su sien derecha. Apretó el gatillo, y su hijo escuchó el chasquido que hizo... la cámara de la pistola estaba vacía. Borracho y peligroso, Jerónimo se rió del alivio en el rostro de su hijo aterrado. Al suponer que el arma estaba vacía, repitió la broma otras dos veces. No lo volvió a repetir porque la tercera cámara contenía una bala que le voló los sesos en presencia de su hijo.

William Wallace y Jerónimo tuvieron muertes violentas. Pero Wallace murió como un héroe, y usó su enojo contra un mandatario que oprimía a su pueblo para impulsar a unos hombres que no eran soldados a pelear por la libertad de Escocia. Mi amigo rehusó tratar con el descontrol de su enojo y murió ebrio; su partida dejó a los que lo amaban con un sentimiento de rabia y tristeza.

Dado que usted todavía está vivo, su historia —y espero que la mayor parte de ella— está por escribirse. Cada historia de este libro trataba sobre la vida de un hombre que luchaba contra un villano, llamémoslo la carne. El villano buscaba controlar el destino de estos hombres al convertir su enojo en una furia o ira explosiva. Cada hombre obtuvo una perspectiva que permitió al héroe dentro de él darse cuenta de que era un hombre nuevo y bueno en Cristo. Comprender eso, junto a otras cosas, les permitieron liberarse progresivamente del poder del villano.

Solo usted determinará si el personaje principal de la historia es un héroe o no. Solo usted determinará si será un hombre enojado y rencoroso, o misericordioso y clemente. Usted determinará si permitirá a su carne o al hombre nuevo y bueno dirigir su vida. Usted decidirá, a través de varias decisiones, qué tipo de historias su esposa, sus hijos, sus nietos y sus amigos dirán de usted. De hecho, ya están contando su historia con lo que dicen de usted todos los días.

Usted decidirá cómo se va a desarrollar su historia a partir de este momento. Aunque hay elementos de su historia que no puede controlar, solo usted decidirá, por la gracia de Dios, cómo responder a las circunstancias, incluida la manera de tratar y demostrar su enojo.

Tal vez ayude si se toma un tiempo esta semana o la próxima para escribir su historia —una con usted como el héroe— y su batalla personal contra el enojo u otros villanos. No tiene que ser extensa. Ni siquiera necesita escribirla para los demás, sino para usted mismo. (Aunque creo que escribirla será de gran ayuda porque probablemente le revele verdades profundas, si prefiere, puede simplemente pensar su historia. Tal vez pueda decirla en voz alta, para usted y para Dios).

Mientras prepara la historia, será bueno que piense en las siguientes preguntas (las páginas 187-189 han sido pensadas para que usted anote sus respuestas). Describa al héroe. ¿Cuáles son sus fortalezas, debilidades, motivaciones y experiencias que forjaron su carácter? ¿Qué lo incita a enojarse? ¿Es el resultado de no reconocer su nueva y verdadera identidad en Cristo? ¿Sufre de un déficit de respeto? ¿Usa el enojo para controlar a otros? ¿Está lleno de orgullo? ¿Necesita perdonar un mal que le hicieron? ¿Necesita bendecir a sus hijos para romper el ciclo generacional del enojo heredado de su padre?

Mientras desarrolla su historia, explique qué provoca el enojo del héroe. Todo esto establecerá la batalla entre el héroe y el villano. Es crucial para usted que explique en detalle la visión que permitirá al héroe vencer al villano. ¿Qué ama él tanto que estaría dispuesto a hacer cualquier sacrificio para lograr la victoria? ¿Y cuál es la fuente de poder que le permite vivir como un hombre nuevo y bueno en Cristo? Cuando haya contestado estas preguntas, redacte con ellas pequeños párrafos que cuenten su historia. Si lo desea, puede escribir su historia en este libro, empezando en la página 190.

Espero que se dé cuenta de que su historia no ha terminado y que aún le falta vivir la mejor parte. A medida que usted comprenda su nueva y verdadera identidad en Cristo y permita al hombre nuevo y bueno que hay en usted procesar y expresar su enojo, se convertirá en una fuerza que logrará cosas buenas. Y su vida hablará a otros del poder de Aquel que lo convirtió en un hombre bueno.

APUNTES SOBRE SU HISTORIA

Describa al héroe (ese sería usted).

¿Cuáles son sus

Fortalezas?

Debilidades?

Motivaciones?

Experiencias que forjaron su carácter?

¿Qué provoca su enojo?

¿No reconocer su nueva y verdadera identidad en Cristo?

¿Un déficit de respeto?

¿El deseo de controlar a los demás?

¿Orgullo?

¿Falta de perdón?

¿Necesita bendecir a sus hijos para romper el ciclo generacional del enojo heredado de su padre? Si es así, ¿por qué?

¿Qué ama tanto que estaría dispuesto a hacer cualquier sacrificio para obtener la victoria? ¿Y cuál es la fuente de poder que le permite vivir como un hombre nuevo y bueno en Cristo?

SU HISTORIA

MI HISTORIA DE FE

Es importante que comprenda la clave para procesar y demostrar su enojo, pues esta fluye de su nueva y verdadera identidad en Cristo. Menciono esto porque, aunque ocasionalmente asistía a la iglesia cuando era niño y joven, no fue hasta que estudié en la universidad que comprendí lo que significaba conocer a Cristo. Había escuchado sobre su muerte y resurrección, pero mi comprensión era borrosa como una imagen desenfocada en el visor de una cámara de fotos. Por eso, aprecio mucho que un amigo me mostrara con la Biblia cómo podía conocer a Cristo. Y por esa razón, quisiera compartir con usted lo que aprendí en ese entonces, que aclaró mi pensamiento y estimuló mi fe.

Durante años pensé que un cristiano era aquel que hacía más cosas buenas que malas. Me imaginaba a Dios en los cielos con una gran balanza. Cada vez que maldecía o me enojaba, colocaba peso sobre el lado malo de la balanza. Cuando hacía algo bueno, colocaba peso sobre el lado bueno. Pensé que era como Santa Claus, excepto que había mucho más en juego que lo que esperaba recibir para Navidad.

Mientras reflexionaba sobre cómo pensaba, hablaba y actuaba, pude ver que la balanza se inclinaba hacia la dirección equivocada. Eso no es ninguna sorpresa, porque la Biblia nos dice: "Por cuanto todos pecaron, y están destituidos de la gloria de Dios" (Romanos 3:23). Incluso las buenas obras que yo pensaba podían hacerme ganar el favor de Dios, no inclinarían la balanza a mi favor, según palabras de Isaías 64:6: "Si bien todos nosotros somos como suciedad, y todas nuestras justicias como trapos de inmundicia".

Piense en esto por un momento... todo lo que yo veía como recto, todo lo que yo pensaba que inclinaría la balanza a mi favor, Dios lo veía como un montón de trapos de inmundicia. ¿Por qué? Porque él comparaba mi bondad con la suya.

Está bien, Dios no es como Santa Claus. Él no lleva un conteo de las cosas buenas o malas que hago para determinar si perdonará mis pecados y me dará la vida eterna. Cuando dejé de ver a Dios de esa manera, pensé que Él me calificaría conforme al promedio más alto. La Biblia aclara esta mala interpretación. Dice: "Porque cualquiera que guardare toda la ley, pero ofendiere en un punto, se hace culpable de todos" (Santiago 2:10).

En otras palabras, las leyes de Dios son como un espejo gigante. Si una esquina está rajada, se dice que el espejo está "quebrado". Si yo violo sólo uno de los mandamientos de Dios, y debo admitir que he violado la mayoría, he violado su ley como el peor pecador. El punto no es que todos los pecados son igualmente malos, sino que un pecado me hace violador de la ley de Dios y, por tanto, indigno de entrar en su presencia.

Pero es peor que eso. En Romanos 6:23, Pablo dice: "Porque la paga del pecado es muerte". La palabra *muerte* significa separación. La muerte física se refiere a la separación del cuerpo; la muerte espiritual se refiere a la separación de Dios. La consecuencia de mi pecado es una separación eterna de la vida de Dios. No podríamos escapar de esta mala noticia si no fuera que Dios ideó una forma de castigar mis pecados para liberarme de la condena y permitirme entrar en su presencia.

En este punto, mi entendimiento se confundía. Y es en este punto en el que quiero ser especialmente claro. Jesús no murió como un mártir. Él no murió porque estaba en el lugar equivocado en el momento equivocado, como yo pensaba. Él murió para pagar el precio de los pecados de usted, los míos y los del resto del mundo. Cuando comprendí esto, la imagen en el visor se volvió clara y nítida. Entendí cómo Dios pudo aceptarme a pesar de mis pecados.

El apóstol Pablo lo expresa de esta manera: "Mas Dios muestra su amor para con nosotros, en que siendo aún pecadores, Cristo murió por nosotros" (Romanos 5:8). La palabra clave de esta oración es la preposición de tres letras *por*. Significa "en lugar de". Jesús murió en nuestro lugar.

Cuando estudiaba en la universidad, un amigo me lo contó de esta manera. Imagine que usted robó un auto, y mientras lo conducía, un policía lo descubrió. Puso las luces intermitentes para que usted se parara, pero en vez de eso, usted decidió escaparse. Durante la persecución, usted cruzó un semáforo en rojo, hizo un giro no permitido, condujo en sentido contrario y se llevó por delante una señal de tránsito. Después que lo arrestaron, se presentó frente al juez, el cual lo sentenció a seis meses en la cárcel, o a una fianza de $20.000. Incapaz de pagar la multa, usted supo que pasaría algún tiempo tras las rejas. Y luego sucedió algo inesperado: el juez pagó su fianza.

Al salir del tribunal, si alguien le preguntara: "¿Por qué salió libre?", usted respondería: "Porque el juez pagó mi fianza". Eso es lo que Jesús hizo por nosotros en la cruz. El apóstol Pablo lo explica de esta manera: "Al que no conoció pecado, por nosotros lo hizo pecado, para que nosotros fuésemos hechos justicia de Dios en él" (2 Corintios 5:21).

Dado que Jesús era completamente Dios y completamente hombre, podía cargar con los pecados de toda la humanidad y pagar totalmente la deuda eterna que todos merecíamos. Pero lo que hizo fue mucho mejor que eso. El versículo anterior dice que hizo esto "para que nosotros fuésemos hechos justicia de Dios en él". Es como si el juez no solo hubiera pagado su fianza, sino que también hubiera depositado $100.000.000 en su cuenta. A través de su muerte y resurrección, Jesús pagó nuestra multa y depositó toda su justicia en nuestra cuenta espiritual.

Por este motivo, podemos entrar a la presencia de Dios. En Filipenses 3:9, Pablo dice: "No teniendo mi propia justicia, que es por la ley, sino la que es por la fe de Cristo".

Sin embargo, hay una condición para todo esto. Debemos aceptar el pago de Cristo a nuestro favor. En Efesios 2:8-9, Pablo escribe: "Dios los salvó por su gracia cuando creyeron. Ustedes no tienen ningún mérito en eso; es un regalo de Dios. La salvación no es un premio por las cosas buenas que hayamos hecho, así que ninguno de nosotros puede jactarse de ser salvo" (NTV).

Las palabras de Pablo se hacen eco de las de Jesús: "El que en él cree no es condenado; pero el que no cree, ya ha sido condenado, porque no ha creído en el nombre del unigénito Hijo de Dios" (Juan 3:18).

Lo único que Dios nos pide hacer para recibir su perdón y la vida eterna es confiar en que, a través de su muerte, Jesús pagó por nuestros pecados y a través de su resurrección nos asegura la vida eterna. Las palabras *fe* o *creer* no significan que tan solo reconocemos intelectualmente la muerte y resurrección de Jesús. Poner nuestra fe o creer en Jesús significa que confiamos en Él. Por ejemplo, usted cree que un avión puede volar, eso es un reconocimiento intelectual. Cuando sube al avión para que lo lleve a algún sitio, usted está ejerciendo fe. Usted puede creer que un médico está cualificado para operarlo, eso es reconocimiento intelectual. Cuando sube a la camilla y le permite operarlo, usted está ejerciendo fe. Tal vez crea en la muerte y resurrección de Jesús como algo histórico, eso es reconocimiento intelectual. Si confía en el perdón y la vida eterna en Cristo, usted ejerce la fe.

Tal vez cuando comenzó a leer esta sección, su entendimiento de lo que significa ser un cristiano era un poco confuso, como era el mío. Si así fue, espero que lo que leyó le haya aclarado mejor el concepto. Espero que si nunca ha confiado en el perdón y la vida eterna que tiene en Cristo, o si no está seguro de haberlo hecho, lo haga ahora. Podría demostrar su fe con una oración como esta, como hice yo cuando estaba en la universidad:

> Padre, te agradezco que me ames. Admito que he pecado contra ti con mis pensamien-

tos, mis palabras y mis acciones. Ahora reconozco que mis pecados me apartan de ti y que me hacen merecedor de condenación eterna. Pero yo creo que Jesucristo, tu Hijo, murió en una cruz en mi lugar y se levantó de los muertos. Creo que su muerte pagó por completo el castigo por mis pecados. Ahora confío en el perdón y la vida eterna que tengo en Jesucristo. Amén.

Si usted ha demostrado su fe con una oración como esta, la Biblia promete que todos sus pecados serán perdonados y que Dios le dará vida eterna (Juan 3:16; 10:27-29). También se convertirá en un hijo de Dios (Juan 1:12) y recibirá el Espíritu de Dios (Romanos 8:15-17). Además, el mensaje de este libro tendrá una aplicación para su vida, porque ya será un nuevo hombre en Cristo (2 Corintios 5:17).

Si todavía no está seguro de conocer o no a Cristo, hágase esta pregunta: Si usted fuera al cielo y Dios le preguntara: "¿Por qué debería dejarte entrar?", ¿qué le contestaría?

Si usted responde: "Debes dejarme entrar porque he tratado de ser bueno", o "He sido bueno" o "He sido sincero *y* creo en Cristo", entonces no está confiando sólo en Cristo para el perdón y la vida eterna. Ya vimos que la Biblia dice que ninguno de nosotros somos lo suficientemente buenos para ganarnos el favor de Dios.

La única respuesta que le asegurará que sus pecados han sido perdonados y que tiene vida eterna es: "He confiado sólo en Cristo para el perdón de mis pecados y la vida eterna". Eso es lo que la Biblia quiere decir cuando leemos: "Y este es el testimonio: que Dios nos ha dado vida eterna; y esta vida está en su Hijo. El que tiene al Hijo, tiene la vida; el que no tiene al Hijo de Dios no tiene la vida" (1 Juan 5:11-12).

Si usted confió en Cristo y demostró su fe con esa oración, quiero ser el primero en darle la bienvenida a la familia de Dios. Quisiera saber sobre su nueva fe y le agradecería que me lo dijera. También lo animo a que encuentre una iglesia en la que pueda conocer a otros hombres y crecer espiritualmente.

Tal vez usted esté aún investigando sobre las declaraciones de Cristo y la vida nueva que Él ofrece. Quizá no esté listo para confiar en Él. Si es así, espero que este libro le dé una perspectiva que estimule su pensamiento y su fe, y le ayude a controlar y expresar su enojo de una manera saludable.

Reconocimientos

UN APLAUSO, POR FAVOR

Esta página es el escenario que preparé para que mis amigos, que me ayudaron a hacer este libro realidad, pudieran salir a recibir los aplausos. Claro que nunca harían esto a menos que yo los empujara hacia el frente, algo que hago con entusiasmo. Usted puede aplaudir mientras ellos se inclinan o puede contener los aplausos hasta el final.

Hace muchos años, cuando todavía trabajaba con mi máquina de escribir, mi amigo Rod Cooper me preguntó si había pensado en la idea de conseguir una computadora. Le dije que no. Me dijo que lo siguiera a su oficina, donde me mostró su caja mágica. Me convenció de inmediato, y le agradezco a Rod por cada palabra que he escrito. Pero también fue su influencia en el ámbito editorial la que me abrió una puerta importante en un momento estratégico de mi carrera como escritor. Le dije que nunca lo olvidaría, y no lo he hecho. Cada palabra que lee en este libro es gracias a la puerta que él abrió.

John Van Diest, como editor de otra casa editorial, publicó mi primer libro hace mucho tiempo. Pero en el 2004 me presentó a la editorial Tyndale

House. Gracias por creer en mí y en mis palabras, has sido de gran aliento.

Jan Long Harris es la editora asociada de Tyndale, y me capacitó, alentó y me hizo reír. Es muy inteligente y tiene gran sentido del humor. Conocerla es sonreír.

Kim Miller es la editora que revisó y modificó el manuscrito para que pudiera leerse mejor sin alterar mi voz. Gracias, Kim. Ella fue asistida hábilmente por Bonne Steffen, quien supervisó las correcciones al texto y las pruebas finales.

Por favor, pido una ronda de aplausos para el equipo anónimo de Tyndale. A varios lectores se les dio un ejemplar del manuscrito para que lo leyeran y lo aprobaran o desaprobaran. Además nos hicieron comentarios inestimables. Aprecio el tiempo que tomaron para leer el libro minuciosamente. Sus consejos ayudaron a perfeccionarlo.

También quiero agradecer a James C. Hassinger, por su análisis de las encuestas, al Dr. Rod Cooper —sí, el mismo Rod que menciono más arriba— y a Rich Wold por su ayuda en el desarrollo de las encuestas. Agradezco a Mark Shirley por ayudarme a distribuir la encuesta para mujeres a una audiencia más grande por la Internet.

Desde luego, pido una ovación puestos de pie para los hombres y las mujeres cuyas historias se relataron en este libro. Su fuerza de voluntad para permitir que Dios obre en sus vidas es un testimonio de la gracia transformadora del Señor.

NOTAS

CAPÍTULO 2: UNA EXPERIENCIA EXTRAÑA

1. *American Heritage Dictionary of the English Language*, 4a ed., s.v. "alien."
2. Adaptado de mi libro *When Good Men Are Tempted* (Grand Rapids, MI: Zondervan, 2007), pp. 148-150.
3. Merriam-Webster Online Dictionary, http://www.merriam-webster.com.
4. Gary Chapman, *The Other Side of Love* [*La otra cara del amor*] (Chicago: Moody Press, 1999), p. 19. Publicado en español por Editorial Portavoz.
5. Ibíd., p. 20.
6. Ibíd., p. 21.
7. Adaptado de mi libro *6 Rules Every Man Must Break* (Carol Stream, IL: Tyndale, 2007), pp. 86-87.
8. W. E. Vine, *Vine's Expository Dictionary of New Testament Words* (McLean, VA: MacDonald Publishing Company, 1940), p. 57.
9. Adaptado de *6 Rules Every Man Must Break*, pp. 96-97.
10. Ibíd., pp. 93-95.

CAPÍTULO 3: EL HOMBRE CON UN AGUJERO EN SU ROSTRO

1. Suelo utilizar esta ilustración cuando doy consejería; también lo incluyo en mi libro *When Good Men Are Tempted*, pp. 158-160, del cual está adaptada esta versión.

2. Efesios 2:3.
3. Le agradezco a David Needham por la ilustración del árbol de manzanas silvestres. Nosotros teníamos esos árboles en mi casa de Roswell, y las manzanas eran muy amargas. Véase David Needham, *Birthright*, (Sisters, OR: Multnomah Publishers, 1999), pp. 82-84.

CAPÍTULO 4: EL HOMBRE QUE REHUSÓ TENER SEXO CON SU ESPOSA

1. Para leer sobre el rol de liderazgo que Dios le dio a Adán, véase Génesis 1:26; 2:19-20.
2. Efesios 5:33.
3. Le agradezco a Willard F. Harley por el concepto del banco de amor. El banco de respeto surgió de esta idea.

CAPÍTULO 5: EL HOMBRE QUE LE GRITABA A SU HIJA

1. Marcos 3:5.

CAPÍTULO 6: EL HOMBRE QUE QUERÍA SER COMO DIOS

1. Lea acerca de cómo engañó Satanás a Adán y Eva en Génesis 3.
2. Esto se encuentra en Génesis 4:1-9.
3. Proverbios 15:25.
4. Mateo 12:34.
5. Santiago 1:19-20; Efesios 4:26-27.
6. Por cierto, después de escribir este capítulo, se lo mostré a Santiago, y él me dio su aprobación sin ninguna pretensión, con solo algunas sugerencias editoriales.

CAPÍTULO 8: EL HOMBRE ACUSADO DE ROBARLE A SU PAPÁ

1. Génesis 27:27-29.
2. Marcos 10:16.

CAPÍTULO 9: LA MUJER CON UNA CANICA BLANCA EN SU MANO

1. Si usted se encuentra en una situación de abuso, lo primero que debe hacer es buscar ayuda profesional. Hay personas que se interesan y que le darán la ayuda que necesita.
2. Melody Beattie, *Codependent No More* [*Ya no seas codependiente*] (San Francisco: Harper and Row, 1987), p. 31. Publicado en español por editorial Patria.
3. John Bradshaw, *Bradshaw on the Family* [*La familia*] (Deerfield Beach, IL: Health Communications, 1988), pp. 163-164. Publicado en español por editorial Selector.
4. Ibíd., p. 165.
5. Claude M. Steiner, *Scripts People Live* [*Los guiones que vivimos*] (Nueva York: Grove Press, 1974). Estos pensamientos se han extraído del trabajo del Dr. Stephen B. Karpman, quien compara los roles de los codependientes con los tres puntos de un triángulo. Publicado en español por editorial Kairós.
6. Gary Chapman, *The Other Side of Love* [*La otra cara del amor*], pp. 167-177. Estoy agradecido por los conceptos que Chapman explica en el capítulo 13 concerniente a lo que se debe hacer ante una persona enojada.

REFLEXIONES: EL NUEVO HOMBRE EN USTED

1. *Webster's New World Dictionary,* s.v. "tragedy", www.yourdictionary.com.

La genuina influencia de un hombre comienza en su relación con Dios, la fuente de poder en la vida cristiana. En este libro, Jim George nos presenta los secretos para convertirse en un hombre de Dios que influye en otros.

- Desarolle las disciplinas para tener una vida diaria poderosa
- Descubra las claves para tratar con los retos de la vida y el cumplimiento de sus metas
- Defina las metas que darán a su vida dirección y propósito

ISBN: 978-0-8254-1270-7

Aprenda a evitar los conflictos con los demás y manejar los encuentros difíciles de forma constructiva. No importa cuánto ame, le simpatice o quiera llevarse bien con alguien, tarde o temprano tendrá un desacuerdo con esa persona. Como resultado de años de consejería a individuos y parejas, investigaciones y sabiduría bíblica, Alan Godwin ha elaborado un análisis fácil de entender acerca de los conflictos "buenos" y "malos".

ISBN: 978-0-8254-1281-9

Muchas de las personas que parecen vivir en libertad son controladas en secreto por una compulsión. La adicción es un problema que crece rápidamente entre cristianos y no cristianos por igual. Incluso los comportamientos socialmente aceptables, como ir de compras, comer, trabajar, jugar y hacer ejercicio, pueden tomar control de su vida sin darse cuenta. Psicólogo clínico David Hawkins rompe el silencio con esta esclarecedora exposición de las adicciones que controlan a las personas todos los días.

ISBN: 978-0-8254-1295-0

Disponibles en su librería cristiana favorita o en www.portavoz.com

La editorial de su confianza